Tordis van Boysen

Telekinese und Telepathie

Herstellung durch Book on Demand GmbH, Norderstedt

ISBN 978-3-89423-103-3

INHALTSVERZEICHNIS

4. KAPITEL
Telepathie erlernen und anwenden · · · · · · · 57

5. KAPITEL
Anhang · 87

Literaturhinweise und -empfehlungen · · · · · 93

Vorwort

Fast jedem Magier juckt es immer mal wieder in den Fingern, den Tisch in der Ecke schweben zu lassen oder sich den Kaffee mit Hilfe von Telekinese einzugießen. Auch die Gedanken eines anderen Menschen lesen zu können oder einem geliebten Menschen über weite Entfernung eine Botschaft zukommen zu lassen, gehört zu den heißen Wünschen der Magier.

Wenn auch Du zu den Menschen gehörst, die diese Fähigkeiten besitzen möchten, wird dieses kleine Buch Dir weiterhelfen.

Im Laufe des Lesens wirst Du folgendes lernen:

- Du erfährst, welche Vorkenntnisse Du brauchst, um Telekinese und Telepathie - weiterhin abgekürzt als TK und TP - durchführen zu können.
- Du kennst einfache Einführungsübungen für TK und TP und kannst sie durchführen.

Außerdem werde ich in der Einführung noch kurz darauf eingehen, was TK und TP eigentlich sind.

Damit hast Du die Grundkenntnisse, um Deine Welt so zu verändern, wie Du es willst - viel Spaß dabei!

1. KAPITEL

Einführung

Viele Gerüchte ranken sich um TK und TP. Damit Du Dir ein klareres Bild davon verschaffen kannst, worum es eigentlich geht, habe ich Dir beide Techniken in diesem Kapitel genauer erklärt.

1.1. Was ist Telekinese?

Beschreibung

Damit Du leichter verstehen kannst, worauf ich eigentlich hinaus will, beschreibe ich einmal den normalen Lebenslauf eines x-beliebigen Menschen.

Ein Lebenslauf

- Zuerst wird der Mensch natürlich gezeugt.

- Das Embryo entwickelt sich im Leib der Mutter. Wie die neuesten Forschungen ergeben haben, bekommt das Embryo bereits sehr viel von dem mit, was in der Umwelt seiner Mutter geschieht. Es hört, es fühlt. Tests haben ergeben, daß Kinder, denen bereits im Mutterleib Konzerte von Mozart o.ä. vorgespielt wurden, später ein wesentlich ausgeprägteres musikalisches Gehör hatten.
- Dann wird das Kind geboren.
- Im Laufe der nächsten 3 bis 4 Monate geschieht das, was die Biologen Prägung nennen: Das Baby orientiert sich in dieser Welt. Die Orientierung, die ersten Verknüpfungen mit der Umwelt, sind später so fest, daß sie nicht mehr aufgelöst werden können. Bei Ratten wurde z.B. folgender Versuch vorgenommen: Man verband den Neugeborenen die Augen. Entfernte man nach 2 Wochen die Binden, so konnten sie noch sehen, zwar nicht so gut wie die anderen, aber es ging noch. Die Ratten, bei denen man die Binden nach 4 Wochen entfernte, waren blind und blieben es auch.
- Die Forschung hat gezeigt, daß sich diese Ergebnisse auch auf Menschen übertragen lassen. Ein Mensch, der zum Beispiel im Urwald ohne andere Menschen aufwächst, nimmt vollkommen anders wahr. Er kann besser riechen (wittern) und sieht auch schärfer. Dafür aber sind andere Fähigkeiten, wie zum Beispiel Mustererkennung, logisches Denken

Die Gehirnentwicklung von der Ratte über die Spitzmaus, zum Spitzhörnchen, Koboldmaki, Schimpansen und schließlich zum Menschen:

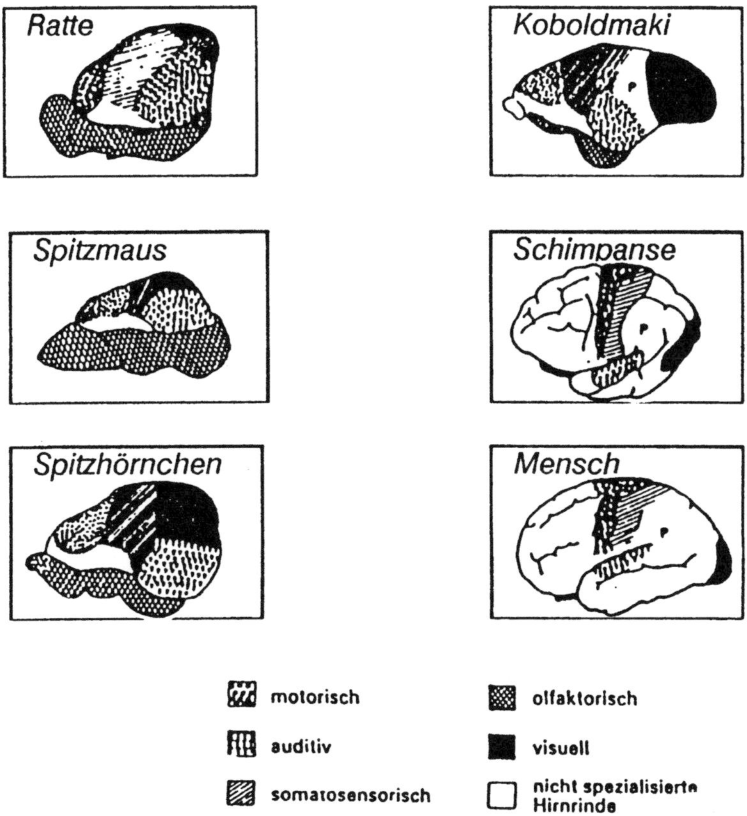

Phase	Name	Altersstufe ca.	Entwicklung bei Freud	Soziale Entwicklung
1	Leben	Säugling 1 Jahr	Orale Phase. Befriedigung durch Saugen.	Das Subjekt. Erfahrungsmuster werden angelegt. Wissen, emotionale Strukturen, kognitive Fähigkeiten.
2	Macht	Frühe Kindheit, 1. - 4. Jahr	Anal-phallische Phase. Befriedigung durch Festhalten, Loslassen	Interaktionen und Tätigkeiten. Eltern - Kind - Beziehungen, Kommunikation mit gleichaltrigen, Freunden und Verwandten.
3	Symbole	Kindheit, 4. - 12. Jahr	Latenzphase. Ödipale Situation	Institutionen. Betriebe, Massenmedien, Schulen und Kirchen
4	Kultur	Pubertät und Folge, 12. - 18. Jahr	Genitale Phase. Geschlechtsidentität.	Gesamtgesellschaft. Ökonomische, soziale, politische und kulturelle Struktur.

Diese Tabelle soll zeigen, welche Stufen des Lernens ein Kind während der ersten 18 Jahre durchläuft. Die letzte Spalte zeigt die Entsprechungen in der Sozialisation.

und Schließen etc. nicht nur schlecht trainiert, sondern auch in ihrer Anlage unterentwickelt.

- Du kannst die Entwicklung eines Menschen in mehrere Phasen unterteilen:
  - Die erste Phase wird 'Prägung' genannt und ist bereits nach den ersten 4 Monaten abgeschlossen. In der Prägung wird sozusagen fest einprogrammiert. Dazu gehört die Art zu sehen, zu hören, zu riechen, zu fühlen und zu schmecken. Die Prägung kann später nicht mehr korrigiert werden.
  - Die zweite Phase nennt sich 'Konditionierung' und gliedert sich in zwei Abschnitte:
    - 1. Abschnitt: Erlernen grundsätzlicher Verhaltensregeln und Weltanschauungen (Tische sind Tische etc.).
    - 2. Abschnitt: Erlernen sozialer Verhaltensregeln und Glaubensvorstellungen.
- Das Kind lernt, wie die Welt ist. Es lernt, daß ein Gegenstand, den es als hoch, glatt, vierbeinig mit einer Platte darauf wahrnimmt, Tisch heißt. Es lernt, wie es sich zu verhalten hat, was in der Gesellschaft, in der es aufwächst, gut ist und was nicht. Besonders das letztere ist in allen Kulturen unterschiedlich. Was für einen Buschmann als gutes Benehmen gilt, ist es für den Engländer noch lange nicht...
- Zu dem Erlernten gehört auch, daß Tische, wenn sie in die Luft gehen sollen, angefaßt und hochgehoben werden müssen...
- Je älter das Kind wird, desto fester wird seine Welt.

Das Kind erlernt seine Welt!

Keine Beweise

Nun komme ich zum eigentlich Interessanten: Es gibt keine Beweise dafür, daß es so etwas wie Schwerkraft, wie Gegenstände, wie Menschen so, wie wir sie wahrnehmen, wirklich gibt. Das einzige, was wir Menschen sagen können ist, daß wir sehen, hören, fühlen, riechen und schmecken und, daß wir die Fähigkeit haben, innere Bilder zu erzeugen, innerlich Töne zu hören und so weiter.

Benennungen

Damit kannst Du sagen: Egal, ob Du weißt, ob es den Tisch vor Dir wirklich gibt, Du siehst etwas und nennst es Tisch. Du machst Erfahrungen, an die Du Dich erinnerst. Deine Erfahrungen, und da wirst Du mir zustimmen, sind für Dich wirklich und echt.

Was ist echt?

Jetzt nimm an, Du läßt einen Tisch schweben. Wenn Du es sehen kannst und andere auch, stellst Du dann noch die Frage, was echt ist? Vielleicht suchst Du nach einem Erklärungsmodell, vielleicht zweifelst Du? Dann denke einfach darüber nach, wie wenig von dem, was wir glauben zu wissen, wirklich bewiesen ist. Sogar das Modell von der Erde, die sich um die Sonne dreht, von der Schwerkraft usw. ist nichts weiter als eine mögliche Erklärung. Sogar Wissenschaftler geben zu, daß es auch anders möglich ist. Es scheint tatsächlich erst einmal am sinnvollsten, das als wirklich anzusehen, was wir wahrnehmen können. Alles andere sind Spekulationen.

Das Wichtigste sind Deine Erfahrungen!

Kernaussage

Und damit bist Du bei der Kernaussage angekommen: **Wichtig ist nicht, was wirklich ist, sondern nur das, was funktioniert**. Wenn Du einen Tisch schweben lassen kannst, ist das für Dich und vielleicht auch für andere wirklich. Auf Diskussionen über Wirklichkeit, Schwerkraft und so weiter brauchst Du Dich gar nicht mehr einzulassen.

Diagramm zur Veranschaulichung der Verarbeitung von Sinnesreizen zu Wahrnehmung.

Anhand der nächsten Abbildung siehst Du, was das Gehirn mit Sinnesreizen von außen macht. So sehen wir zum Beispiel nicht mit dem Auge, sondern mit sensorischen Arealen im Gehirn. Die Sinnesorgane verarbeiten die Reize zu gleichartigen Klicks, die sich nur in ihrer Geschwindigkeit unterscheiden. Es kann nicht einmal mit Gewißheit gesagt werden, daß ein Duftmolekül von Dir letztlich als Geruch wahrgenommen wird!

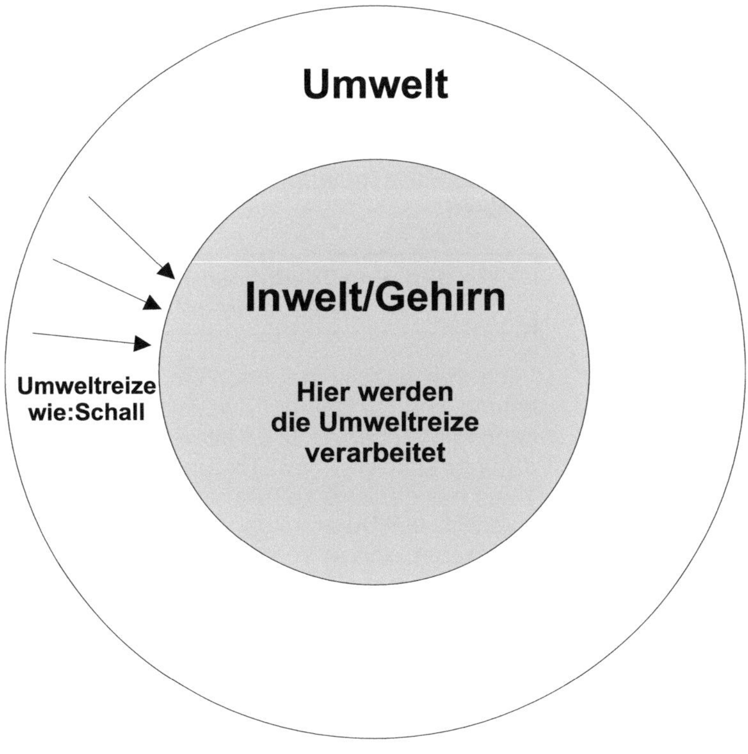

Neue Erfahrungen

TK heißt also, daß Du mit einer Fähigkeit neue Erfahrungen mit den Dingen machst, die Du als Gegenstände bezeichnest. TK heißt aber auch, Dich von dem, was Du im Laufe Deines Lebens erlernt hast, abzukehren!

Zweifel

Das ist nun nicht gerade einfach! Es hört sich so leicht an, mal eben einen Tisch schweben zu lassen, aber Deine Psyche kann da ganz schöne Macken haben und Dir so manchen Streich spielen. Du mußt nur überlegen: Die Erfahrungen, die Du in Deinem Leben gemacht hast, werden von Tag zu Tag fester. Tische bewegen sich nicht einfach so, Hüte fangen nicht ohne Wind an zu fliegen und so weiter. Nun sitzt Du vor Deinem Tisch und willst ihn schweben lassen, konzentrierst Dich und - nichts passiert. Wenn Du tatsächlich alles so gemacht hast, wie ich es in diesem Buch erklärt habe, dann bist Du in eine Falle getappt. Und diese Falle heißt: Zweifel!

Es gibt eine Telekinese-Falle und die heißt Zweifel!

Gelernt!

Ich werde Dir später noch ein paar Techniken zeigen, wie Du Deinem Zweifel ein Bein stellen kannst, aber dennoch: Es ist wichtig, daß Du Dir darüber klar wirst, daß TK funktioniert, daß der Tisch nur deshalb so fest und unerschütterlich da steht, weil Du es so gelernt hast, weil Du daran glaubst, daß er so stehen muß.

Bevor ich zu TP kommen, will ich noch einmal eine klare Definition davon geben, was ich im weiteren als TK bezeichne:

Definition

TK = die Fähigkeit, Materielles mit Hilfe von Konzentration und Imagination zu verändern.

Veränderungen

Das heißt: zur TK gehört nicht nur, Gegenstände hierhin oder dorthin zu bewegen, sondern auch, ihre Form oder Farbe zu verändern. Da aber Veränderungen von Form und Farbe schon zu den fortgeschrittenen Übungen gehören, gehe ich in diesem Buch nicht darauf ein. Was weiter fehlt, ist eine Beschreibung von Teleportation - der Fähigkeit, Gegenstände über weite räumliche Entfernungen zu transportieren. Auch das ist eine Fortgeschrittenen-Technik. Ich denke, es reicht, wenn wir erst einmal Tische schweben lassen.

Telekinese heißt auch, Gegenstände zu verändern!

1.2. Was ist Telepathie?

Unterscheidung

Telepathie - TP - klar von anderen Techniken abzugrenzen und zwischen 'Ahnung' und TP zu unterscheiden, ist schon etwas schwerer.

Bekannt...

Du kennst sicher auch haufenweise Geschichten der Sorte: Der Freund des Bruders meiner Mutter hatte da neulich... Eine der bekanntesten, die interessanterweise in fast jeder Familie auftaucht, ist diese:

Meine Tante X hatte als junge Frau folgendes Erlebnis. Sie besuchte gerade Freunde, als sie plötzlich wußte, daß ihre Familie in Gefahr war. Sie griff zum Telefon und versuchte, bei ihren Lieben anzurufen, doch das Telefon war gestört. Verwirrt und verängstigt rief sie die nächste Polizeidienststelle an. Nach kurzen Nachforschungen teilte man ihr mit: Ihre kleine Tochter hatte mit Streichhölzern gespielt. Der Mann meiner Tante hatte plötzlich das Gefühl, daß meine Tante ihn vor irgendetwas warnen wollte und so sah er nach seinen Kindern. Die ganze Familie konnte vor dem Feuer gerettet werden.

Antwort

Hatte die besagte Tante die Fähigkeit der Telepathie oder vielleicht ihr Mann? Diese Frage kannst Du leichter beantworten, wenn ich Dir gleich sage, was ich unter Telepathie verstehe:

Definition

TP = die Fähigkeit, innere Bilder, Töne, Gefühle und so weiter, ohne sie laut zu beschreiben, zu übermitteln und zu empfangen.

Sicher

Das heißt: Wenn Du einer anderen Person, ohne es auszusprechen, darauf zu zeigen oder ähnliches, ein Bild, zum Beispiel ein rotes Dreieck, übermittelst und die andere Person dieses Bild empfängt, dann habt ihr beide TP durchgeführt! Es gab einen Sender - Dich und einen Empfänger - den anderen. Wichtig ist, daß das

Übermittelte tatsächlich auch genauso empfangen wird. Damit wird klar, daß das berühmt-berüchtigte Beispiel von der Tante kein TP-Beispiel war. Zwar hatte die Tante eine Ahnung und ihr Mann auch, aber konkretere Beschreibungen als 'ich hatte so eine Ahnung' wurden nicht geliefert.

Telepathie kennt keine Zweifel. Diese Fähigkeit hast Du oder nicht und Du kannst sie immer überprüfen!

Erfolge

Stell Dir einfach vor: TP muß genauso echt sein, wie normales Miteinander-Reden. Natürlich klappt das nicht von Anfang an, es kann schon vorkommen, daß am Anfang der Übungen etwas als 'Ahnung' beschrieben wird. Im Laufe der Zeit mit regelmäßiger Übung wird die Fähigkeit immer besser. Wenn Du TP beherrschst, kannst Du auch die Gedanken anderer Menschen hören, ohne daß sie sie Dir direkt übermitteln.

Für TP gilt das gleiche wie für TK:

Regeln

- Du darfst nicht zweifeln.
- Du brauchst ein paar Vorkenntnisse, wie Fähigkeiten in Konzentration und Imagination.
- Hauptsache, es funktioniert!

2. KAPITEL

Die Voraussetzungen für TK und TP

Ich hatte bereits erwähnt, daß TK und TP keine Fähigkeiten sind, die einfach so kommen, Du mußt sie antrainieren. Dafür gibt es ein paar Gradmesser und Hilfsmittel, die ich in diesem Kapitel erläutert habe. Es sind keine direkten Telekinese- und Telepathie-Techniken. Deshalb habe ich sie nur am Rande erwähnt. Im Literaturverzeichnis findest Du Bücher, die Dir die Techniken genauer erläutern.

2.1. Entspannung

Grundvoraussetzung

Gute Entspannung ist eine der Grundvoraussetzungen für den Erfolg von TK und TP. Am besten erkläre ich Entspannung dadurch, daß ich ihr Gegenteil schildere: Die Anspannung oder Verspannung.

Verspannung

Der menschliche Körper besteht, wie Du weißt, zusätzlich zu den Organen, dem Blut usw. aus Knochen, Sehnen und Muskeln. Wenn Du schläfst, sind die meisten Deiner Muskeln entspannt. Du brauchst sie nicht für Bewegung, also lassen sie locker. Verspannungen in den Muskeln entstehen nicht von heute auf morgen, Du legst sie Dir im Laufe Deines Lebens zu.

Jeder normale Mensch ist stark verspannt!

Geistig

Entspannung ist nicht nur eine körperliche, sondern auch eine geistige Angelegenheit. Du kennst das sicher: Du hast den ganzen Tag hart gearbeitet - Streß. Am Abend kommst Du nach Hause und bist vollkommen fertig. Nicht nur Deine Knochen tun Dir weh, auch Dein Kopf fühlt sich matt an. Stell Dir einfach vor, Du willst in einem solchen Zustand TK oder TP machen. Mißerfolge sind vorprogrammiert, wenn Du nicht gelernt hast, Dich vollkommen zu entspannen.

Meditation

Am besten lernst Du Entspannung mit Hilfe der Meditation (zum Beispiel Autogenes Training) und übst Dich zusätzlich in Körper-Entspannungsübungen wie Bioenergetik und Yoga.

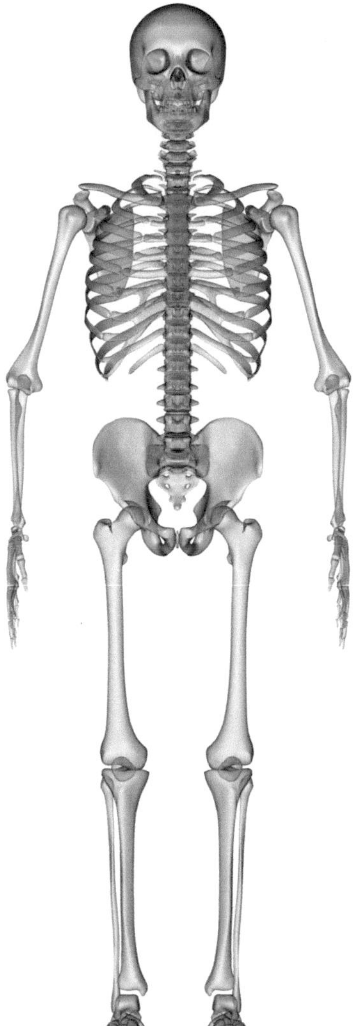

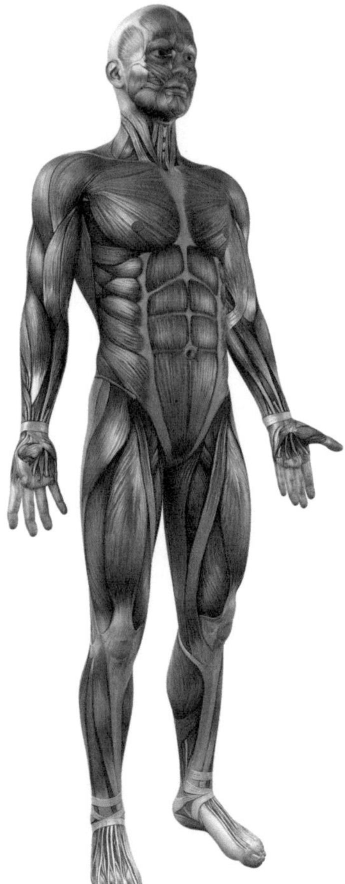

2.1.1. Die Entspannungsstufen

Es gibt eine Einteilung, die die Entspannung während der Meditation und auch vor der TK oder TP genauer aufgliedern. Diese Einteilung will ich Dir hier kurz vorstellen, damit Du, wenn Du Dich im Meditieren übst, Deine Entspannung bemessen kannst:

Einteilung

Entspannungstiefe kannst Du erkennen!

2.1.1.1. Ruhe

Das ist die ganz normale Entspannung des ganz normalen Menschen. Ruhe tritt ein, wenn Du locker in Deinem Fernsehsessel sitzt.

Normal

2.1.1.2. Entspannung

Diese Entspannungsstufe wird vom normalen Menschen, der nicht meditiert, nur selten erreicht. Du siehst dann so aus:

Seltener

- Deine Muskeln sind schlaff.

Erkennungsmerkmale

- Dein Unterkiefer hängt locker, aber nur leicht, herab.
- Das Gesicht ist entspannt, hat sogar einen etwas dümmlichen Ausdruck.
- Dein Körper fühlt sich schwer und schön warm an.
- Fallgefühle und Orientierungsverlust können auftreten.

Diese Entspannungsstufe erreichst Du, wenn Du Dich im Autogenen Training übst. In dem Buch "Schritt für Schritt zum Autogenen Training - die Grundstufe" wurde alles Wesentliche einfach und praktisch erklärt. Wenn Du die Stufe Wärme beim Autogenen Training abgeschlossen hast, dann hast Du die notwendige Entspannungsstufe erreicht.

Autogenes Training

Mit Autogenem Training erreichst Du Entspannung!

2.1.1.3. Lösung

Abgeschlossen

Die Lösung geht noch weiter. Du erreichst sie, wenn Du die Grundstufe des Autogenen Trainings abgeschlossen hast. Lösung äußert sich so:

Erkennungsmerkmale

- Zusätzlich zur Entspannung tritt ein Wattegefühl auf.
- Sowohl die inneren, als auch die äußeren Empfindungen sind sehr gedämpft.
- Ab und zu zucken Deine Muskeln.
- Deine Augen drehen sich nach oben-innen.
- Einzelne Körperteile fühlen sich an, als befänden sie sich in einer anderen Lage.

Mit Abschluß der Grundstufe des Autogenen Trainings erreichst Du Lösung!

2.1.1.4. Starre

Notwendig

Das ist die Entspannungsstufe, die Du erreicht haben solltest, wenn Du TK und/oder TP machen willst. Warum dies? Im nächsten Kapitel gehe ich näher auf Konzentration ein. Konzentration und Entspannung gehören zusammen. Erst ab einer bestimmten Konzentrationsstufe treten höhere Entspannungsstufen auf. Eine hohe Konzentrationsfähigkeit brauchst Du, wenn Du einen Tisch schweben lassen willst.

Starre benötigst Du für TK und TP!

Starre äußert sich so:

Erkennungsmerkmale

- Körper- und Außenwelt-Wahrnehmung hören auf.

- Der Körper fühlt sich an, als sei er aus Stein.
- Die Starre und Empfindungslosigkeit fängt meist in den Beinen an und steigt dann langsam nach oben weiter.
- Oft kommt es vor, daß der Atem nicht mehr wahrgenommen wird, was bei manchen Angstgefühle auslöst. Diese sind aber nicht nötig, da der Körper von allein weiteratmet - wie im Schlaf, Du merkst es nur nicht.

2.1.1.5. Lähmung

Endstufe

Lähmung ist die Endstufe der Entspannung. Sie ist noch stärker als die Starre. Während Du bei der Starre die Bewegungsunfähigkeit von Muskeln noch leicht wieder unterbrechen kannst, klingt die Lähmung erst eine Weile nach Beendigung der Meditation ab. Bewegungsversuche während der Meditation enden erfolglos.

2.2. Konzentration

Zusammengehörig

Wie Du bereits weißt, gehören Konzentration und Entspannung zusammen. Wie genau und warum genau, werde ich gleich noch erklären. Vorab aber will ich schildern, was ich unter Konzentration verstehe:

Definition

Konzentration = eine Verhaltensweise, in welcher die Aufmerksamkeit nur auf einen einzigen Bereich gerichtet ist und dort bleibt.

Genauer

Das heißt: Konzentriert bist Du immer dann, wenn Du mit Deinen Gedanken nur bei einer einzigen Sache bist. Das heißt, Du siehst, hörst, fühlst, riechst, schmeckst nichts anderes mehr, Du hörst keine Umweltgeräusche, hast keine anderen Gedanken nebenbei, das Wasser im Mund läuft Dir nicht beim Gedanken an ein halbes Hähnchen zusammen usw.

Meditation

Konzentration lernst Du am besten durch Meditation. Ich ging im Kapitel Entspannung bereits darauf ein, daß sich Autogenes Training gut eignet, um die dritte Entspannungsstufe zu erreichen. Auch beim Autogenen Training mußt Du Dich konzentrieren, denn Du wiederholst im Geiste immer wieder eine Formel. Deshalb lege ich Dir Autogenes Training sehr ans Herz. Um die weiteren Entspannungsstufen zu erreichen, eignen sich Atem-Beobachtungsmeditationen, wie zum Beispiel das Beobachten des Ein- und Ausströmens der Luft an den Nasenrändern. Dabei wird nicht auf das Atemgefühl geachtet, sondern nur auf das Gefühl an der Nase.

Konzentrations-Diagramm

Konzentration ist auf zweierlei Arten möglich:

1. Der Aufmerksamkeitsfokus auf ein bestimmtes Objekt wird eingestellt, und in diesem Fokus wird das Objekt immer genauer wahrgenommen.

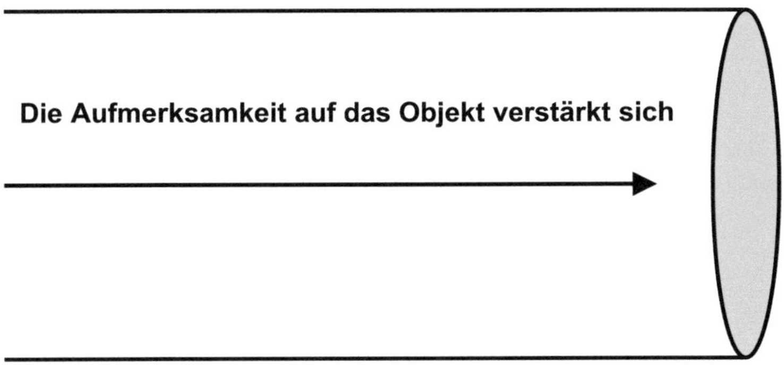

2. Die Genauigkeit der Wahrnehmung bleibt gleich, aber der Aufmerksamkeitsfokus wird noch enger geschraubt.

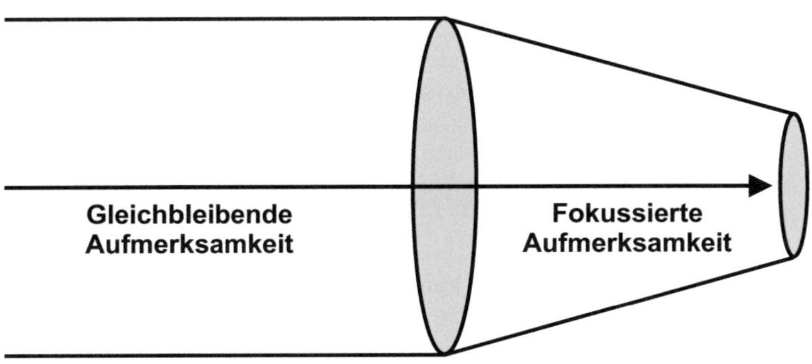

Meditation brauchst Du, um Konzentration zu erlernen!

Zusammenhang Nun noch einmal zum Zusammenhang von Konzentration und Entspannung: Du kannst Dich schläfrig entspannen oder angespannt konzentriert sein. Beides ist nicht das, was Du für TK und TP brauchst. Vielmehr mußt Du Dich so entspannen können, daß nichts von Deinem Körper Dich mehr daran hindert, Deine vollkommene Aufmerksamkeit Deiner Konzentration zu widmen.

In den nächsten Kapiteln erläutere ich die Konzentrationsstufen genauer. Du wirst sie brauchen, damit Du weißt, ab welcher Stufe Du mit TK und TP anfangen kannst.

2.2.1. Primatendenken

Kurz Du kannst Dich ca. 20 Sekunden oder 3 bis 7 Atemzüge lang auf nur eine Sache konzentrieren. Gerade, wenn Du auf Atem achtest, kann Dir jeder Atemzug wie eine Störung vorkommen. Wenn Du gerade anfängst, Dich mit Meditation zu beschäftigen, wird es Dir so vorkommen, als werden die Störungen mehr, als tauchten mehr Gedanken neben dem, worauf Du Dich konzentrieren willst, auf. Das ist aber ein gutes Zeichen, denn es zeigt an, daß Deine Aufmerksamkeit größer wurde.

2.2.2. Primatenkonzentration

Schon länger Ab hier kannst Du Dich schon 1 bis 2 Minuten oder 10 bis 40 Atemzüge lang konzentrieren. Am besten überprüfst Du das, indem Du 1 bis 2 Minuten lang auf einen Uhrzeiger siehst. Beachte nur und ausschließlich den Sekundenzeiger. Wenn für eine Minute lang keine Störung, kein anderer Gedanke dazwischenkam, hast Du diese Konzentrationsstufe erreicht.

Wenn Du die Primatenkonzentration erreicht hast, kannst Du mit dem Autogenen Training, das Du für TK und TP brauchst, beginnen.

2.2.3. Unterbrochene Konzentration

Immer besser

Deine Konzentrationsfähigkeit wird immer besser. Du kannst Dich 5 bis 10 Minuten lang oder 100 Atemzüge lang konzentrieren. Am besten prüfst Du das, indem Du Deine Ein- und Ausatemzüge zählst. Kommst Du, ohne Deine Aufmerksamkeit auf etwas anderes zu richten, bis 100, hast Du die unterbrochene Konzentration erreicht.

2.2.4. Durchgehende Konzentration

30 Minuten

Du kannst Dich jetzt für mindestens 30 Minuten konzentrieren. Das, worauf Du Dich konzentrierst, bleibt die ganze Zeit im Vordergrund Deiner Aufmerksamkeit. Es tauchen zwar leicht andere Gedanken nebenbei auf, aber Deine Aufmerksamkeit bleibt bei Deiner Meditation.

Ab hier fängt Konzentration so langsam an!

TK und TP

Ab dieser Stufe kannst Du mit TK und TP *beginnen.* Aber bleibe weiter bei Deinen Meditationen, Du brauchst noch bessere Konzentration, um auch in TK und TP weiter zu kommen. Das heißt: Erst ab der Stufe, die Konzentration heißt, kann TK und TP gemacht werden. Alles vorher ist nur sanftes Einstimmen darauf. Es hat einfach keinen Sinn, vorher ernsthaft TK oder TP machen zu wollen. Die Gedanken schweifen noch zu leicht ab.

2.2.5. Tiefe Konzentration

Ruhiger

Diese Konzentrationsstufe ähnelt der vorhergehenden. Während aber bei der durchgehenden Konzentration häufig Überreaktionen in Form von Erregung zum Beispiel auftraten, ist diese Konzentration ruhiger und tiefer. Deine Aufmerksamkeit wird sehr ruhig und nach innen gewandt. Dadurch kann es leicht passieren, daß Du ganz sanft absinkst, Du bist mit Deiner Konzentration leicht zweigeteilt. Hier hilft nur, Deine Aufmerksamkeit zu stärken. Du darfst allerdings auch nicht zu intensiv auf Konzentration gehen, sonst treten wieder die Überreaktionen aus der vorhergehenden Stufe auf.

2.2.6. Ruhige Konzentration und die drei danach

Sanfte Beruhigung

Die ruhige Konzentration ähnelt der tiefen Konzentration.

Während Du dort leicht absinkst, wirst Du hier leicht erregt. Sanfte Beruhigung hilft. Danach folgt die erste richtige Konzentrationsstufe, die auch Konzentration heißt. Hier bist Du wirklich nur noch konzentriert - keine Störungen, kein Absinken, keine Erregung. Danach beginnt die mühelose Konzentration, Du mußt nur noch am Anfang ein wenig Anstrengung aufwenden und die Konzentration ist da. Die spontane Konzentration ist die letzte Stufe. Du kannst Dich ganz spontan und ohne Anstrengung vollkommen störungsfrei konzentrieren. Wenn Du diese Konzentrationsstufe erlangt hast, ist TK und TP ein Kinderspiel!

Wenn Du noch mehr über Entspannung, Konzentration und ihre Folgen wissen willst, empfehle ich Dir folgendes Buch:

- Grundlagen der Meditation von Tordis van Boysen, ebenfalls erschienen im KC-Verlag.

2.3. Formeln und Imagination

TK/TP

Sowohl bei TK als auch bei TP arbeitest Du mit Formeln und Imagination. Was diese sind?

Definitionen

> Formeln = im Geiste stetig wiederholte Sätze.
> Imagination = Bilder, die innerlich vorgestellt werden.

Autogenes Training

Das Arbeiten mit Formeln lernst Du am besten über Autogenes Training, denn dort wird mit Formeln gearbeitet. Imagination kannst Du in der Meditation üben. Nimm Dir ein einfaches Symbol und konzentriere Dich darauf. Es empfiehlt sich, eine simple geometrische Figur in Farbe zu nehmen, diese eine Weile mit offenen Augen anzusehen und schließlich mit geschlossenen zu imaginieren.

> **Übe Dich gründlichst im Autogenen Training**

Verknüpfung

Formeln und Imagination kannst Du miteinander verknüpfen! Dafür mußt Du nur die entsprechende Formel weißleuchtend vor Dir wie auf einer Theaterreklame imaginieren. Dadurch verstärkst Du Deine Konzentration und auch die Wirkung der Formel. Es empfiehlt sich, dies schon während des Autogenen Trainings zu üben.

Wirkungsweise:

Formeln und Imagination helfen beim TK, sie sind unterstützende Hilfsmittel, wie Du später in den Kapiteln mit den praktischen Übungen noch sehen wirst. Besonders Formeln sind sehr gute Zweifel-Knacker!

Arbeitsmittel

Für TP brauchst Du Formeln und Imaginationen als unbedingte Arbeitsmittel. Wenn Du jemand anderem einen Satz übermitteln willst, ist es sinnvoll, ihn wie eine Formel stetig zu wiederholen und ihn auch imaginieren zu können.

Formeln und Imaginationen sind notwendig für TK und TP!

Ich will noch genauer erläutern, wie gut Du Formeln wiederholen und imaginieren können mußt:

- Eine Formel, ein Satz, kann auf vielerlei Arten wiederholt werden. Der eine spricht ihn in Gedanken, der andere hört ihn. So mancher hört ihn so, als würde er mit den Ohren hören, der nächste wieder läßt ihn im Kopf kreisen.
- Wie Du eine Formel in Gedanken wiederholst, bleibt Dir überlassen, aber: Sie muß so klar und deutlich gesprochen oder gehört werden, als würde sie wirklich gesprochen oder gehört. Das heißt, es bedarf einiger Übung. Regelmäßiges Autogenes Training und Meditation bis zur Konzentrationsstufe 5 werden Dir dabei helfen.
- Die Imagination muß genauso deutlich sein! Wenn Du einen blauen Punkt imaginierst, dann sollst Du ihn wirklich *sehen!* Ich will Dir anhand einer kleinen Übung zeigen, wie deutlich er zu sehen sein soll:
    - Schließe Deine Augen.
    - Balle Deine Hände zu Fäusten.
    - Nun drücke mit den Fingerknöcheln fest auf die Augen.
    - Du solltest nun grelle Lichtpunkte, Fäden etc. sehen!
- So klar muß die Imagination sein!

Erfahrungsgemäß gelingt dies den meisten erst ab Konzentrationsstufe 5. Das Gehirn muß so gut trainiert sein, daß es vollkommen eindeutige Bilder erzeugen kann. Das interne Sehzentrum wird meist als letztes durch Meditation angeregt. Deshalb übe am Anfang mit Mantram-Meditationen, gehe dann auf Körper-Meditationen über und erst, wenn Du dort Konzentrationsstufe 4 erreicht hast, lohnt sich eine visuelle Meditation. Dann ist der Erfolg aber schon so gut wie gesichert!!!

Ein vorbereitender Meditations-Plan könnte so aussehen:

- Du beginnst mit einem halben Jahr Mantram-Meditation. Täglich meditierst Du 2 bis 3 Stunden und wiederholst in Gedanken Dein Mantram. Das heißt, Du wählst ein Wort wie zum Beispiel 'Aum' aus und wiederholst es stetig.
- Als nächstes machst Du ein halbes Jahr Autogenes Training. Wenn Du die Grundstufe abgeschlossen hast, kann es weitergehen.
- Nun gehst Du nochmals für 2 bis 3 Monate auf das Mantram über. Jede Störung wird gezählt, damit Deine Konzentration besser wird.
- Hiernach folgt eine Atem-Meditation, bis Konzentrationsstufe 4 erreicht ist.

Ein Raster für Formeln

- **Eine Formel muß kurz, knapp und verständlich sein.**

Je länger der Satz, desto schwerer ist er verständlich. Je mehr Fremdwörter, desto komplizierter.

- **Eine Formel sollte sich auf sinnlich Wahrnehmbares beziehen.**

Sinnlich wahrnehmbar ist alles, was ich sehen, hören, riechen, schmecken oder anfassen kann.

Nicht sinnlich wahrnehmbar sind abstrakte Begriffe wie Schönheit, Weiterentwicklung etc.

- **Sich reimende Formeln sind leichter verständlich und einprägsam.**

Welche Reimform Du wählst, bleibt Dir überlassen, aber bedenke, daß auch Reime kurz sein sollen!

- **Verwendest Du eine Formel für Telepathie, dann beachte, daß ihr Inhalt auch für Deinen Partner erfahrbar sein muß!**

Verwende Formeln, von deren Inhalt Du weißt, daß Dein Partner sie kennt. Dies können gemeinsame Erfahrungen und Erlebnisse sein. Verwende nur dann Fremdsprachen, wenn Dein Partner sie so gut wie Du beherrscht. Erst nach einiger Erfahrung mit Telepathie könnt Ihr auch zu Neuem übergehen.

- **Zusammenfassung:**

Deine Formel ist kurz, einprägsam, leicht verständlich, bezieht sich auf sinnlich Wahrnehmbares, enthält keine unnötigen Fremdwörter, ist in deutscher Sprache und vielleicht in Reimform gehalten.

3. KAPITEL

Telekinese erlernen und anwenden

Ab diesem Kapitel geht es endlich in die Praxis. Wenn Du alle Voraussetzungen erfüllst, steht Deinen TK-Erfolgen nichts mehr im Wege. Du lernst nun, womit Du am Anfang TK machen solltest, wo Du es am günstigsten übst, welche TK-Übungen Du allein und welche Du mit anderen machst. Auf geht's.

3.1. Vorbereitung

Grundregeln

Es gibt ein paar Grundregeln, die es Dir leichter machen, Erfahrungen mit TK zu machen. Zu diesen Grundregeln gehört,

- mit welchen Gegenständen Du das Üben beginnst,
- wo und mit wem Du übst.
- Voraussetzung für das Beginnen der Telekinese ist Entspannungsstufe 4 und Konzentrationsstufe 5 bis 7, das heißt Lösung und Konzentration.

Streiche

Ich hatte bereits in der Einführung erwähnt, daß Deine Psyche Dir so manchen Streich spielen kann, wenn Du mit TK beginnst. Je besser Deine Entspannung und Konzentration, desto weniger Chancen hat Deine Psyche, Dir solche Streiche zu spielen. Du bist so konzentriert, daß kein anderer Gedanke durchkommen kann als der, mit dem Du Dich gerade beschäftigst und das ist TK!

Konzentration ist der Zweifel-Killer!

Regelmäßig

Übrigens: Übe TK täglich, wenigstens jeden zweiten Tag, ansonsten sind Erfolge eher Zufallsergebnisse und die Chance, daß sie wiederholt werden können, ist nicht gerade groß.

3.1.1. Womit übe ich TK?

Übungsobjekte

Für den Anfang gibt es ein paar ausgewählte 'Übungsobjekte' für TK. Diese Objekte sind:

Tele-Tisch

- Der Tele-Tisch - ein ganz normaler, runder Holztisch, den Du nur für diesen Zweck gebrauchst. Es kann auch ein eckiger Tisch sein, er sollte aber soviel Ecken haben, wie Personen an der Sitzung teilnehmen.

- Die Telemaschine: ein kleines Papierhütchen auf einer Stecknadel, die wiederum auf einem Korken steckt. Das ganze steht unter einer Glaskugel (eine einfache runde Vase tut's auch). Das Papierhütchen liegt locker auf der Stecknadel, so daß es sich drehen kann. Die Glaskugel schützt vor Luftzug, so daß Du sicher sein kannst, daß Du das Hütchen bewegt hast. *Telemaschine*

- Der Tischtennisballständer. Ein Tischtennisball liegt auf dem Fuß eines Likör- oder Sektglases und sollte beim leichten Anpusten herunterfallen. Auch hierüber stülpst Du wieder ein Glas. *Tischtennisballständer*

- Die Tischtennisballfläche. Ein Serviertablett liegt auf einer mit der Wasserwaage ausgewogenen Fläche. Auf diesem Serviertablett liegt der Tischtennisball. Die Fläche ist tatsächlich so gerade, daß der Ball an jeder Stelle ruhig liegenbleiben kann. *Tischtennisballfläche*

Zwischen diesen Objekten kannst Du wechseln. Aber: Tue dies nicht zu oft. Gerade am Anfang ist es wichtig, daß Du ein Gespür dafür bekommst, was TK für Dich bedeutet. Wenn Du zu häufig wechselst, kann es passieren, daß Du dieses Gefühl nicht bekommst. *Wechseln*

Wechsle Deine Übungsobjekte nur ab und zu!

Die Tele-Maschine

- Besorge Dir einen Korken, ein festes Stück Pappe, ein Stück Papier der Größe 10 x 10 cm, eine Stecknadel und ein Glas mit einem Durchmesser von ca. 15 cm.
- Falte das Papier so, wie auf der folgenden Abbildung zu sehen zu einem Hütchen.
- Stecke die Nadel oben auf den Korken und lege das Hütchen darauf.
- Klebe den Korken auf der Pappe fest.
- Stülpe das Glas über die Tele-Maschine.

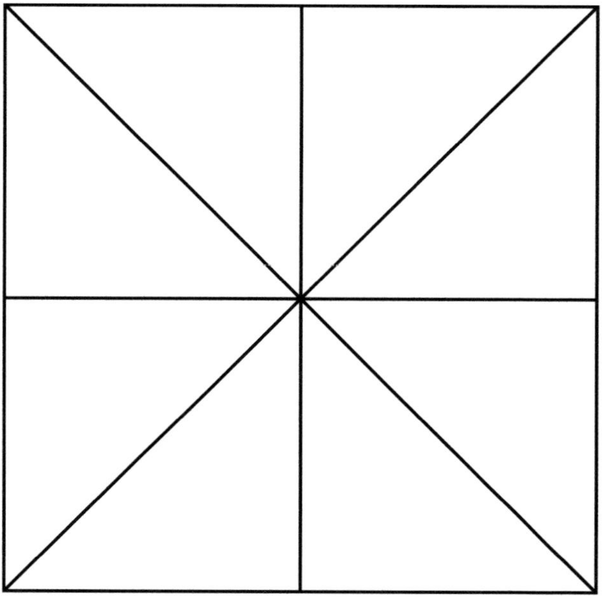

Tischtennisplatte und Tischtennisständer

Für die **Tischtennisplatte** brauchst Du:

- Ein Serviertablett, mindestens 30 x 15 cm mit einem Rand.
- Einen Tischtennisball.

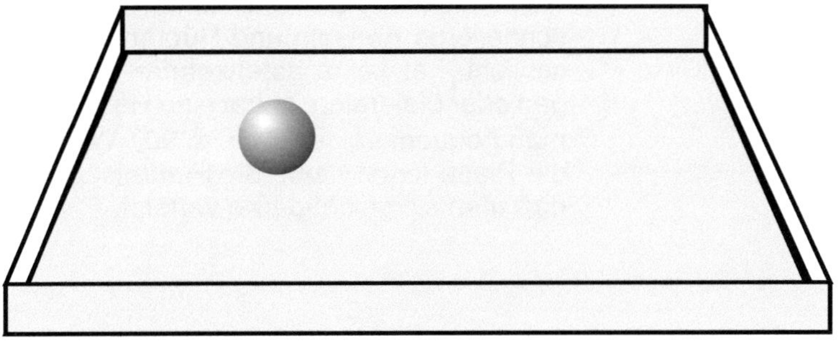

Für den **Ständer**:

- Ein Schnapsglas und einen Tischtennisball.

Der Tele-Tisch

Der Tele-Tisch sollte folgende Vorzüge haben:

- Er ist rund, besteht aus einem schweren Material, am besten festes Holz, wenigstens 4 Personen finden bequem daran Platz, er wackelt nicht von allein, ist fest und solide, er hält auch stärkere Belastungen wie Hin- und Herschaukeln, Rauf- und Runterwackeln und schnelleres Kreiseln und Hüpfen aus, er ist schlicht, hat keine ablenkenden Verzierungen oder Malereien, er hat eine Höhe, bei der man bequem seine Arme im 90°-Winkel auf die Platte legen kann, die Platte ist glatt, so daß man sich nicht daran verletzt.

Da Du TK allein und mit anderen machen kannst, empfehle ich Dir, Dich am Anfang für 2 Übungsobjekte zu entscheiden. In Kapitel 3.1.3. erkläre ich, welche TK-Übungen Du allein, welche Du mit anderen machen kannst. Wähle ein Übungsobjekt für Dich allein, eines für die Arbeit mit anderen zusammen. *Entscheidung*

3.1.2. Wo übe ich TK?

Sicher ist es richtig, daß Du TK überall machen sollen könntest. Aber: Gerade am Anfang der Arbeit solltest Du Dir einen Raum extra dafür einrichten, damit Du Dich immer in die passende Stimmung versetzen kannst. Je öfter Du darin übst und je besser Deine Konzentration ist, desto leichter kannst Du diese Stimmung auch im Alltag abrufen! *Extra*

Richte Dir anfangs einen Extra-Raum für TK ein!

Den 'archetypischen' Raum für Telekinese kann ich Dir nicht vorstellen, es bleibt Deinem Geschmack und Deinen individuellen Ansprüchen überlassen. Aber ein paar Tips kann ich Dir geben, die in die Richtung 'stimmungsvoller TK-Raum' gehen: *Individuell*

- Der Raum sollte abgedunkelt sein, Helligkeit lenkt, besonders am Anfang der Konzentration, ab. Außerdem vermittelt ein abgedunkelter Raum schon eine heilige, konzentrierte Atmosphäre. *Raumbeschreibung*
- Stelle Dir ein paar Kerzen an der Wand auf, so daß der Raum sanft von ihnen erleuchtet wird. Wenn Du mit kleineren Übungsobjekten, zum Beispiel dem Tele-Hütchen, arbeitest, muß der Raum so erleuchtet sein, daß Du auch kleinere Bewegungen gut sehen

kannst. Räuchere im Raum mit Weihrauch, der schafft eine schöne Stimmung.

- Spiele keine Musik darin und rede auch möglichst wenig. Wenn Du mit anderen zusammen TK machst, dann stimmt euch vorher ab, was ihr tun wollt und vereinbart Handzeichen für Beginn und Ende der Arbeit. Diskutiert nicht in diesem Raum, sondern macht wirklich nur TK darin!
- In diesen Raum sollte wirklich nur der gehen, der auch TK macht. Stell Dir einfach vor, daß jeder Mensch eine bestimmte Stimmung verbreitet. Die Stimmung in Deinem TK-Raum ist voll und ganz auf TK ausgerichtet. Alle anderen Gedanken und Stimmungen sind dort unangebracht.

3.1.3. TK allein und mit anderen

Geeignet

Grundsätzlich eignet sich jedes Übungsobjekt für TK mit mehreren Personen. Allerdings gibt es ein paar Gründe, die eher für den Telekinese-Tisch sprechen! Nehmen wir an, Du arbeitest mit drei Leuten zusammen. Einer von den dreien beherrscht die Telekinese kaum und zweifelt stark an seinen Erfolgen. Ihr arbeitet mit dem Telekinese-Hütchen und nichts klappt...

Einige Übungsobjekte eignen sich für mehrere Personen, andere nicht!

Leichter

Beim Tisch ist das leichter zu prüfen. Am Anfang, wenn der Tisch leicht anfängt zu kreiseln, merkt derjenige, der TK macht, wer mitarbeitet und wer nicht. Es ist, als würde derjenige, der nicht mitmacht, den Tisch genau dort, wo er sitzt, blockieren.

Hinzu kommt, daß gerade das Drehen am Anfang Probleme bereiten kann. So mancher, der linksherum drehen will, dreht unabsichtlich rechts herum. Beim Tisch kann das leichter geprüft werden!

Tisch

Also als Regel: Für TK mit anderen eignet sich auf jeden Fall der Tisch, als zweite Wahl kommt noch die Tischtennisballfläche in Frage. Telemaschine und -ständer eignen sich für die Arbeit allein.

Der Tisch eignet sich für gemeinsames TK!

Aber komme ich noch einmal auf die Arbeit mit anderen zurück, dann solltet Ihr folgende Regeln beachten:

Regeln

- Diejenigen, die an TK teilnehmen, sollten Entspannungsstufe 3 und Konzentrationsstufe 5 erreicht haben. Ist jemand dabei, der diese Stufen nicht erreicht hat, so solltet Ihr ihn auch nur als Gast einstufen, sonst kann leicht ein Mißerfolg eintreten.
- Besprecht, bevor Ihr in den Raum geht, den genauen Ablauf der Sitzung. In dem Kapitel 3.2. habe ich alles erklärt.
- Wenn Ihr oder einer von Euch bemerkt, daß eine oder auch mehrere Personen Probleme mit dem TK haben, dann sprecht nach der Sitzung in aller Ruhe darüber, vielleicht bei einem Glas Tee. Es hat keinen Sinn, sich aufzuregen oder zu streiten. Prüft, ob die Voraussetzungen von diesen Personen erfüllt werden. Ist dies der Fall, liegt wahrscheinlich das berühmt-berüchtigte Zweifel-Problem vor und das könnt Ihr nur durch Übung in den Griff bekommen. Sind in Eurer Gruppe wenigstens 2 Personen, die diese Probleme nicht haben, dann nehmt die Zweifler als Gäste einzeln zu Sitzungen mit. Meist hilft das Sehen, daß TK funktioniert!

- Streitet oder diskutiert niemals während einer Sitzung. Bemühe Dich, Dich nicht über jemand anderen während der Sitzung aufzuregen. Tust Du es doch, dann stelle Dir vor, daß Du das Ärger-Gefühl in das Übungsobjekt lenkst, das sind zusätzliche Energien, die durchaus genutzt werden können. Ärger über eine andere Person hat aber in der Sitzung nichts verloren.
- Klärt Probleme miteinander vor der Sitzung! Eifersüchteleien können während einer Sitzung mehr als störend wirken!
- Bringt Euch gegenseitig 'gut drauf', versetzt Euch in gute Laune, das gilt auch für Einzelarbeiten. Was macht dynamisch, freudig, aufmerksam erregt? Probiert es aus und wendet es an. Vielleicht tanzt Ihr vorher zu einer Rock-Platte. Aber Achtung: Ihr solltet Euch dann so gut konzentrieren können, daß Ihr die Musik nicht auch während der Sitzung hört.
- Einer aus der Gruppe übernimmt die Leitung. Er bestimmt über Hand- oder Klopfzeichen, wann mit den Vorübungen, wann mit der TK begonnen und wann beendet wird.
- Sprecht hinterher immer noch einmal - nach Aufzeichnen in Eure Tagebücher - die Sitzung durch. Wer hat was erlebt?

3.2. Praktische TK

Beides

TK solltest Du sowohl allein, als auch mit anderen durchführen können. Im Kapitel 3.2.2. ging ich nur auf die Arbeit mit dem Tisch ein. Diese Arbeit solltest Du am Anfang mit anderen machen, da sie gewöhnlich etwas schwerer als die anderen Übungen ist. Interessanterweise hat dieses ‘schwerer’ nichts damit zu tun, daß die Übung schwerer ist, sondern sie wird im allgemeinen so empfunden. Vermutlich hat das etwas mit der Vorstellung: “Ein schwerer Tisch ist schwerer zu bewegen als ein leichtes Hütchen oder ein Tischtennisball” zu tun, was natürlich in bezug auf TK reiner Unsinn ist.

TK solltest Du allein oder auch mit anderen durchführen können!

Keine Materie

TK hat nichts mit Gewichten von Materie zu tun! TK ist eine Fähigkeit, die nur etwas mit Konzentration, Imaginationsfähigkeit und Entspannung zu tun hat. Wer TK beherrscht, kann genauso mit einem Tischtennisball wie auch mit einem riesigen Betonklotz üben, da gibt es keine Unterschiede.

3.2.1. TK allein

Beginn

TK beginnt man im allgemeinen mit Berühren, dann ohne Berühren, aber mit Händen und schließlich auch ohne Hände nur noch per Imagination. Du kannst die Übungsabläufe, die ich Dir in den nächsten Kapiteln schildere, auf alle Übungsobjekte anwenden. Auf den Tisch gehe ich noch gesondert ein.

Du beginnst mit Berühren!

Ziel festsetzen

Für alle Übungen gilt: Lege vor dem TK immer das Ziel fest, welches Du erreichen willst. Du kannst dann besser Erfolge überprüfen.

- Wie genau soll sich Dein Übungsobjekt bewegen.
- Wie lange übst Du?
- Wie stark waren die Bewegungen?

3.2.2.1. TK allein mit Berühren

Auf geht es, Du beginnst Deine erste TK-Übung:

Vorgehensweise

- Zuerst frage Dich, wie es Dir geht. Bist Du erwartungsvoll, aufmerksam, konzentriert, munter, gut gelaunt? Sehr gut, dann bist Du in der besten Verfassung.
- Nun betritt Deinen TK-Raum.
- In dem Raum steht der Tisch, auf dem Tisch Dein Übungsobjekt.
- Vor dem Tisch steht ein Stuhl. Auf diesen Stuhl setzt Du Dich.
- Dein Rücken bildet einen rechten Winkel zu den Beinen und ist angelehnt.
- Die Hände ruhen locker auf den Oberschenkeln.
- Deine Knie sind in 90° angewinkelt.
- Nun schließe Deine Augen und atme tief durch.
- Mache Autogenes Training oder atme ruhig und gleichmäßig ca. 10 Minuten lang tief in den Bauch ein und aus.
- Denke während dieser Zeit an nichts anderes als Dein Autogenes Training oder Deine Atmung.
- Nach 10 Minuten öffne Deine Augen.
- Sieh auf Dein Übungsobjekt.
- Nun lege Deine Hände sanft um das Glas oder berühre mit den Händen den rechten und linken Rand des Serviertablettes.
- Schließe Deine Augen wieder.
- Atme tief ein.

- Beim Ausatmen lenke Deinen Atem in das Glas oder das Serviertablett.
- Imaginiere Deinen Atem zusätzlich als weißes Licht, wie es aus Deinen Lungen durch die Arme, durch die Hände in das Übungsobjekt fließt.
- Tue dies ca. 10 Minuten.
- Dann öffne Deine Augen wieder.
- Sieh wieder auf das Übungsobjekt.
- Nun wiederhole stetig die Formel: Der Ball (das Hütchen) bewegt sich.
- Imaginiere, wie sich der Ball oder das Hütchen bewegt.
- Wenn es Dir hilft, führe mit Deinem Oberkörper ganz sanft die Bewegung aus, die der Ball oder das Hütchen machen soll.
- Wenn der Ball oder das Hütchen beginnen, sich zu bewegen, mache die Bewegung erst einmal mit. Das heißt, dreht es sich links herum, formuliere: Der Ball (das Hütchen) dreht sich links herum und imaginiere dies auch.
- Glückte dies, so probiere die nächste Bewegung aus, indem Du sagst: Der Ball (das Hütchen) dreht sich rechts herum.
- Desgleichen übe mit Hochhüpfen, Herunterhüpfen, nach rechts und links rollen, Schweben usw.

Ohne Glas

Wenn einmal eine Übung gar nicht klappt, kannst Du sie ohne Glas ausprobieren. Für den Anfang ist dies häufig leichter. Zweifle nicht! Beende die TK-Sitzung nur dann, wenn ein Erfolg eintrat oder Deine Konzentration stark nachläßt. Eine Sitzung beendest Du wie folgt:

Vorgehensweise

- Formuliere: Der Ball (das Hütchen) hört auf, sich zu bewegen.
- Dann formuliere: Ich beende nun die TK-Sitzung.
- Nimm Deine Hände von dem Glas oder dem Tablett.

- Trage direkt nach der Sitzung alles in Dein Tagebuch ein. Das ist wichtig, damit Du Deine Fortschritte überprüfen kannst.

Vergiß niemals Deine Aufzeichnungen!

Nichts passiert

Folgende Probleme können auftauchen:

- Es passiert über mehrere Sitzungen hinweg gar nichts. Das kann folgende Gründe haben:
- Du bist nicht konzentriert oder entspannt genug, dann übe Dich nochmals in Autogenem Training und Meditation.
- Du zweifelst. Dann bringe Dich vorher in eine aufgeregt-erwartungsvolle Stimmung nach dem Motto: Gleich passierts. Imaginiere die Bewegungen des Balls oder Hütchens noch stärker. In ganz kritischen Fällen arbeite mit jemand anderem, der ebenso die Voraussetzungen erfüllt wie Du, am Tisch zusammen. Einmal die Erfahrung gemacht, daß TK funktioniert und der Zweifel ist so gut wie besiegt. Die Formeln tun ihr übriges!

Falsche Bewegungen

- Der Ball (das Hütchen) führen andere Bewegungen durch, als Du sie formulierst. Das ist mir eine Zeitlang passiert. Sagte ich rechtsherum, so drehte sich das Hütchen linksherum. In diesem Falle habe ich mich darauf eingestellt, daß links für mich offensichtlich rechts ist. Irgendwann hat sich die Angelegenheit normalisiert und links war wieder links. Also keine Sorge, das kann vorkommen, ist aber nicht weiter schlimm.

Andere Wesenheiten

- Du kannst durch Deine Aktivität die Aufmerksamkeit nichtmenschlicher Wesenheiten auf Dich lenken. Du bemerkst das daran, daß Dein Übungsobjekt sich bewegt, obwohl Du noch gar nicht mit TK begonnen hast. Hier hilft erst einmal Nachfragen und eventuelles Bannen, wie es in dem Buch "Erste Hilfe bei magischen Unfällen" (Schritt für Schritt Reihe) beschrieben wurde. Du solltest Dir auf jeden Fall Bannungstechniken aneignen. Selbstverständlich kannst Du diesen Kontakt aber auch nutzen, um TK mit ihm zusammen zu machen. Da dies aber den Rahmen dieses Buches sprengen würde, gehe ich hier nicht weiter darauf ein.

3.2.2.2. TK allein, ohne Berühren mit Händen

Später

Beginne mit diesen Übungen erst, wenn Du in der Übung mit Berühren mehrere Male erfolgreich warst. Am Anfang beginne immer noch mit Berühren und dann bringe die Hände langsam, wie gleich beschrieben, in die richtige Position.

Beginne mit diesen Übungen erst nach Erfolg in den vorherigen!

Vorgehensweise

- Du machst alles so, wie in 3.2.2.1. beschrieben.
- Deine Hände liegen aber nicht direkt am Übungsobjekt, sondern werden in ca. 5 cm Abstand leicht gekrümmt entweder direkt über dem Hütchen oder dem Ball gehalten.
- Mache weiter alles so wie in 3.2.2.1. beschrieben, aber gehe immer mit den Händen mit den Bewegungen, die das Übungsobjekt macht, mit.
- Wenn Du diese Übung ohne Glas machst und das Hütchen dreht sich beispielsweise von allein im Luftzug, kannst Du auch das Festhalten üben.

Probleme?

Für Probleme und Fehler gilt das Gleiche wie unter 3.2.2.1. gesagt. Denke an Deine Tagebucheintragungen!

3.2.2.3. TK allein, ohne Hände

Zuletzt

Dies ist die letzte TK-Übung und wenn sie beherrscht wird, kannst Du damit anfangen, TK auch außerhalb Deines TK-Raumes durchzuführen. Im wesentlichen wird alles so gemacht, wie bereits vorher beschrieben. Nur: Deine Hände bleiben vollständig aus dem Spiel. Du arbeitest nur noch mit Imagination und Formel.

Vorgehensweise

- Formuliere wieder Dein Ziel, also wie oft soll sich das Übungsobjekt wie genau bewegen.

- Beginne erst ohne Glas, dann übe mit Glas.
- Es entwickelt sich im Laufe der Zeit ein ganz typisches TK-Gefühl. Je häufiger Du übst, desto automatischer taucht dieses Gefühl auf und schließlich kannst Du es jederzeit abrufen.
- Dann bist Du soweit, TK auch draußen zu üben.
- TK solltest Du nun mit jedem x-beliebigen Gegenstand durchführen können. Übe mit allem, was Dir geeignet erscheint. Führe auch Präzisionsübungen durch, wie zum Beispiel das Eingießen von Kaffee in eine Tasse.

3.2.2 TK mit anderen

Ergänzung

TK mit anderen ist eine wichtige Ergänzung zum TK alleine. Der Tisch ist besonders für diese Übung geeignet. Auf TK mit anderen bin ich schon eingegangen, jetzt soll es nur noch um den Übungsablauf gehen:

Vorgehensweise

- Im wesentlichen wird alles so gemacht, wie in 3.2.1. beschrieben, nur daß Ihr Euch Kommandos überlegt und einer während der Sitzung die Kommandos gibt.

- Die ersten Erfolge können daran bemerkt werden, daß die Tischplatte unter den Händen beginnt, weich zu werden und Wellen zu schlagen.
- Ab diesem Punkt könnt Ihr Euch auf die Wellenbewegung einstellen. Das heißt, gehen die Wellen nach links, sagt der Kommandeur leise: Nach links.
- Dann imaginiert Ihr alle, wie sich der Tisch linksherum dreht. Dem einen hilft es, sich den Tisch laufend vorzustellen, dem nächsten, wenn er sich vorstellt, daß ein Bein sich langsam weiterschiebt, Ihr müßt selbst herausfinden, was gut funktioniert.
- Ihr könnt auch wieder leicht mit dem Oberkörper mitgehen.
- Aber achtet darauf, daß Ihr den Druck Eurer Hände nicht verstärkt. Sie ruhen zwar platt, aber nur leicht und sanft auf der Platte.
- Stellt Euch aufeinander ein. Seid Ihr eine dynamische Truppe, kann es förderlich sein, den Tisch anzufeuern. Ich hatte bereits mit einem TK-Partner gute Erfolge, als wir beide mit dem Tisch sprachen wie mit einem kleinen Kind: “So mein Kleiner, und nun links herum, ja wunderschön...” und so weiter. Probiert auch hier wieder aus, was Spaß macht und funktioniert. Habt keine Scheu, auch mal richtig ekstatisch zu brüllen, juchzen usw. Auch Streicheln des Tisches kann helfen...
- Denkt daran: Die Sitzung wird erst besprochen, wenn Ihr alle Eure Tagebucheintragungen gemacht habt, nicht vorher! Zu leicht können Erinnerungen verfälscht oder Erfolge manipuliert werden.

Streiten etc. ist nicht angesagt!

4. KAPITEL

Telepathie erlernen und anwenden

Das Gesamtkapitel 4 ist genauso aufgebaut wie das Kapitel über TK. Du lernst, mit wem, wo und wie TP geübt und schließlich im Alltag eingesetzt wird.

4.1. Vorbereitung

Regeln erarbeiten

Wie bei TK gelten auch für TP ein paar Grundregeln. Da Du TP allerdings mit einem Partner übst, werdet Ihr Euch langsam aber sicher Eure eigenen Regeln erarbeiten. Ihr solltet da sehr einfühlsam vorgehen und Euch miteinander auseinandersetzen. Im Kapitel 4.1.1. gehe ich auf diese Problematik genauer ein.

4.1.1. Mit wem übe ich TP?

Gute Auswahl!

TP solltest Du nicht mit irgendwem einüben! Neben den Voraussetzungen, die beide Partner erfüllen sollten, gibt es Zusätzliches, das beachtet werden sollte. Aber erst zu den Voraussetzungen:

Voraussetzungen

- Beide Partner sollten Entspannungsstufe 3 und Konzentrationsstufe 5 erreicht haben.
- Jeder hat längere Zeit Erfahrung mit einer Meditation, in der ein Symbol, wie beispielsweise eine blaue Scheibe, imaginiert wird, gemacht und dabei wenigstens Konzentrationsstufe 5 erlangt.

Nun zu den Zusätzen:

Besonderes

- Ihr solltet einander gut kennen und Euch gut verstehen.
- Es kann passieren, daß Ihr auch in den Zeiten, in denen Ihr Euch nicht seht, etwas voneinander mitbekommt, z.B. wenn der andere sich ärgert. Auch in diesen Fällen solltet Ihr aufeinander eingehen. Ruft Euch kurz an und besprecht Eure Probleme!
- Macht die Übungen nur dann, wenn Ihr keine Probleme miteinander habt. Bedenkt: Ihr öffnet eine Art Kanal zueinander. Da Ihr bereits die Fähigkeit der Konzentration besitzt, kann es durchaus vorkommen, daß Ihr auch Eure

Probleme aufeinander übertragt und das kann weitere Probleme mit sich bringen und so weiter. Klärt also Eure Probleme vor der Übung.

Wählt den Partner sehr genau aus!

Er wird Eure wichtigste Hilfe in den nächsten Wochen!

4.1.2. Wo übe ich TP?

Beginn

Für TP gilt das gleiche wie für TK, Du solltest es grundsätzlich überall durchführen können, aber am Anfang eignet sich ein besonderer Raum, um in eine passende Stimmung zu kommen.

Raumbeschreibung

- Der Raum sollte ähnlich dem Raum, in dem Du TK machst, eingerichtet sein, Du kannst sogar den gleichen Raum verwenden. Aber: Der Tisch steht nicht im Weg.
- Im Raum ist genug Platz, daß sich zwei Personen einander gegenüber setzen können.
- Der Raum ist abgedunkelt, aber von Kerzen stimmungsvoll erhellt.
- In diesem Raum wird während der Sitzungen nicht gesprochen.
- Jeder hat seinen ganz persönlichen Platz in dem Raum, den er immer für diese Sitzungen einnimmt.
- Räuchert mit Weihrauch oder einem Öl. Der Geruch sollte nicht zu aufdringlich sein, um die Sinne nicht abzulenken.

4.1.3. Womit übe ich TP?

Steigerung

Wie beim TK werden auch hier die Übungen langsam aber sicher in ihrer Kompliziertheit gesteigert. Ihr fangt an mit ganz einfachen Symbolen, geht langsam über zu Wörtern, dann zu Sätzen, schließlich zu Euren eigenen Erinnerungen.

4.1.3.1. Einfache Symbole

Geometrie

Damit aus Euren Übungen keine Rate-Übungen werden, legt Ihr Euch ein Set an einfachen geometrischen Symbolen, die Ihr mit Farben kombiniert, zu. Solche Symbole sind:

- Kreise
- Kugeln
- Dreiecke
- Quadrate
- Rechtecke
- Quader
- Pyramiden
- Sterne mit soviel Ecken, wie Ihr wollt

Beginnt mit ganz einfachen Formen!

Reine Farben

Am Anfang eignen sich einfachere Symbole wie Kreise, Dreiecke und Rechtecke. Als Farben wählt keine Mischfarben, sondern bleibt bei den allgemein bekannten wie:

- Blau
- Rot
- Gelb
- Grün
- Braun
- Schwarz
- Weiß

Einfache geometrische Figuren für Telepathie

Einfache Symbole für Telepathie

Keine Mischfarben verwenden - sie verwirren!

4.1.3.2. Wörter

Grundsätzlich ist jedes Wort geeignet, das Ihr auswählt. Aber: Achtet bei Fremdwörtern darauf, daß Euer Partner sie vielleicht nicht kennt. Möglicherweise bekommt er dann über Telepathie das richtige Wort übermittelt, kann es aber nicht einordnen, beginnt zu zweifeln und schließlich kommt etwas Falsches heraus. *Bloß kein Zweifel*

Tut Eurem Partner den Gefallen und wählt einfache Worte.

Zweifel am Anfang kann alles zerstören!

Wählt zuerst Wörter aus, die Ihr täglich verwendet, wie:

Ja, Nein, ich, du, wir, gestern, morgen, Farbnamen, Personennamen (die beide kennen). *Beispiele*

Dann geht über zu Wörtern, die ausgefallener sind, wie: ' Antilope, Bierdose, Altpapier usw. *Ausgefallener*

4.1.3.3. Sätze

Es gibt unterschiedliche Formen von Sätzen, die sich für Anfangsübungen in TP eignen. Du kannst folgende Formen unterscheiden: *Verschiedenes*

- Einfache Aussagesätze, die bewerten. *Arten*
- Sätze, die sich direkt auf sinnliche Wahrnehmungen wie Sehen, Hören, Fühlen, Riechen und Schmecken beziehen.
- Fragesätze einfachster Art.

Gehen wir nun zu den Formen über:

- Einfache Aussagesätze, die bewerten: *Aussagesätze*

- Dies sind Sätze, in denen Bewertungen wie wahr/falsch, gut/schlecht, hübsch/häßlich, passend/unpassend oder ähnliche vorkommen. Solche Sätze solltet Ihr erst dann als Übungsobjekte verwenden, wenn Ihr

1. Euch sehr gut kennt.
2. Schon Erfahrungen mit TP gesammelt habt.

- Beispielsätze: "Das Wetter ist schön." - "Torsten ist häßlich." - "Logische Sätze sind wahre Sätze."
- Wählt die Sätze so kurz wie nur möglich. Geht erst zu längeren über, wenn Ihr Euch des Erfolges sicher seid.

Sinnliche Wahrnehmungen

- Sätze über sinnliche Wahrnehmungen.

- Jede sinnliche Wahrnehmung kann in Sprache ausgedrückt werden. Der Vorteil solcher Sätze besteht darin, daß Ihr gleich Bilder mitschicken könnt. So wird die Übertragung einfacher.
- Sätze zum Sehen: "Ich sehe eine braune Tür." - "Schau Dir das Haus an." - "Ich gucke auf den Tisch." - "Meine Hose sieht blau aus."
- Sätze zum Hören: "Ich höre Beethoven." - "Die Musik klingt laut."
- Sätze zum Fühlen: "Mir ist warm." - "Ich habe Hunger."
- Sätze zum Riechen: "Hier stinkt's." - "Dein Parfüm erinnert an Rosen."
- Sätze zum Schmecken: "Gulaschsuppe ist scharf." - "Salz gehört in jede Suppe."

Einfache Fragen

- Fragesätze:

- Hier geht es darum, daß der jeweilige Partner die richtige Antwort gibt. Am Anfang stellt Ja-Nein Fragen:

- “Ist meine Hose rot?” - “Hast Du schon Mittag gegessen?”
- Dann stellt Fragen nach Meinungen:
- “Wie findest Du die Lindenstraße?” - “Was hältst Du von einer Tasse Tee?"

Haltet Euch an die Grundregel: am Anfang einfach!

Vorbereitung

Bevor Ihr damit beginnt, solche Sätze per TP zu übertragen, sollte sich jeder von Euch eine kleine Liste davon vorbereiten. Fangt mit den Sätzen zu sinnlichen Wahrnehmungen an, dann könnt Ihr frei zwischen Aussage- und Fragesätzen variieren.

4.1.3.4. Erinnerungen

Geschichten

Jetzt wird es ein wenig komplizierter! Es geht darum, daß Du Deinem Telepathie-Partner Geschichten aus Deinem Leben übermittelst und umgekehrt.

Gründlich

Zunächst müßt Ihr Euch gründlich vorbereiten. Jeder Gedanke muß klar ausformuliert sein. Ihr solltet in den anderen Übungen herausgefunden haben, wer auf welche Signale am besten reagiert. Es kann beispielsweise sein, daß Dein Partner am besten bildhafte Symbole verstehen kann. Ist dies der Fall, dann arbeite viel damit. Ein anderer mag Probleme mit Bildern, dafür weniger mit Tönen haben, dann singe Lieder usw. usf.

Beispielsätze für Sinneswahrnehmungen

- **Visuell (Sehen):**

  Ich sehe ein Auto
  Rot ist eine leuchtende Farbe
  Schau nach links
  Die Wand ist gerade
  Sieh auf den Tisch
  An der Decke hängt eine blaue Lampe
  20 cm vor mir sehe ich eine blaue Linie
  Die Ampel steht auf Orange
  Ein Tiger hat Streifen
  Sabine ist dick
  Ich sehe das anders
  Die Sonne blendet
  Nachts ist es dunkel

- **Auditiv (Hören):**

  Der Rasenmäher ist laut
  Bach klingt harmonisch
  Hör genau zu
  Ich flüstere Dir zu
  Meine Mutter rief gestern an
  Das hört sich schrill an
  Der Lautsprecher dröhnt
  Ich verstehe Dich nicht
  Sprich lauter
  Bienen summen
  Rudi schreit

- **Kinästhetisch (Fühlen/Empfinden):**

  Mir ist warm
  Die Sonne brennt
  Ich habe Bauchschmerzen
  Geht es Dir gut?
  Was macht denn Silke so?
  Angora ist kuschelig
  Das Fleisch ist zäh
  Alles Scheiße
  Eis ist kalt und glatt

- **Olfaktorisch (Riechen):**

  Die Rose duftet
  Hier stinkt's
  Es riecht nach Kastanien
  Der Tee riecht herbe

- **Gustatorisch (Schmecken):**

  Die Suppe ist versalzen
  Schokolade ist süß
  Die Gurke schmeckt sauer
  Der Geschmack des Hühnchens ist salzig
  Die Medizin ist bitter
  Das Souffle schmeckt fruchtig

Wenn Ihr fortgeschritten seid, könnt Ihr die Beispielsätze kombinieren. Ein kombinierter Satz aus Gefühl und Geschmack könnte lauten: "Die salzige Suppe schmeckt mir gar nicht gut!"

Bereitet Euch gründlich aufeinander vor!

Fangen wir an:

Vorgehensweise

- Wähle eine kleine Geschichte, sie ist noch nicht zu lange her, aus Deinem Leben aus. Vielleicht brachte Dir Dein Briefträger vor kurzem eine wichtige Nachricht, oder Du hast geheiratet oder sonstiges.
- Schreibe diese kleine Geschichte haarklein auf.
- Verwende einfache und kurze Sätze, wie: "Ich ging zur Theke!"
- Unterstütze die Sätze mit Bildern, Tönen, Gefühlen.
- Lerne diese Geschichte auswendig.
- Präge sie Dir so gut ein, daß es ist, als würdest Du sie gerade erleben. Belege sie mit allen Gefühlen, die Dir zur Verfügung stehen. Wenn es eine traurige Geschichte ist, dann sei traurig, wenn fröhlich, sei fröhlich.
- Dein Partner wählt sich ebenfalls eine Geschichte nach den gleichen Kriterien aus.
- Erst wenn Ihr mit dem Übermitteln einfacher Geschichten sicher seid, könnt Ihr zu längeren und komplizierteren übergehen.

4.1.4. TP im Alltag

Draußen

Damit Eure Telepathie nicht nur in die Wohnung eingesperrt wird und Ihr die Möglichkeit habt, auch im Alltag zu üben, hier ein paar Anregungen:

Tips und Tricks

- Macht gemeinsam feste Zeiten am Tag aus, die Ihr für Übermittlungen nutzt.
- Dafür eignen sich z.B. Mittags- oder Zigarettenpausen.
- Sucht Euch ein stilles Plätzchen, in schwierigen Fällen tut es die Toilette, und fangt an. Wiederholt dies 2 bis 3 mal täglich. Zeichnet Eure Ergebnisse auf. Vergleicht die Ergeb-

nisse direkt danach, indem Ihr miteinander telefoniert.

- Wenn Probleme auftraten, klärt diese gleich. Bei wem kam was an?
- Führt regelmäßig Übungen im Alltag durch. Laßt möglichst keinen Tag aus - je häufiger und regelmäßiger Ihr übt, desto größer tst der Erfolg. Es kostet kaum Zeit, bringt aber viel.

Aufzeichnungen nicht vergessen...

4.2. Praktische TP

Nun kommen wir zu den Übungen. Ich habe die nächsten Kapitel wie folgt aufgebaut:

Kapitelaufbau

- Wir beginnen mit den einfachen Grundübungen.
- Diese Übungen werden zu zweit durchgeführt.
- Du brauchst einen festen Partner, dem Du vertraust und mit dem Du die Übungen regelmäßig - am besten täglich - durchführst.
- Dann gehen wir zu den schwierigeren Übungen über.
- Du lernst, wie Du auch auf weite räumliche Entfernung Gedanken lesen kannst.
- Du erfährst, wie Du störende Einflüsse aus dem Gedankenlesen herauslassen kannst.

Wieder mußt Du ein paar kleinere Grundregeln beachten, wenn Du Erfolg haben willst. Die Grundregeln lauten:

Grundregeln

- Führe die Übungen der Reihe nach durch.
- Fange nur mit den einfachen Übungen an, überschätze Deine Fähigkeiten nicht.
- Gehe erst dann zu schwierigeren Übungen über, wenn Du die einfachen wirklich beherrschst.
- Mache auf jeden Fall begleitend zu den Übungen fleißig Deine Meditationen. Du brauchst Deine Konzentrationsfähigkeit, ohne sie läuft gar nichts.
- Steigere Deine Konzentrationsfähigkeit immer weiter.
- Lerne, Dich in jedem Moment, an jedem Ort absolut vollständig und spontan nur auf eine einzige Sache konzentrieren zu können. Keine anderen Gedanken, keine Geräusche, keine Bewegungen - nichts darf Dich stören!

Beachte die Grundregeln, sie garantieren Erfolg!

So, und nun beginnen wir mit den Übungen.

4.2.1. Anfangsübungen

Einfach und kurz

Die ersten Übungen sind bewußt ganz einfach und kurz gehalten. Du und Dein Übungspartner beginnt damit, immer nur eine Übung durchzuführen und - wenn Ihr mehr machen wollt - Pausen von ca. 5 Minuten einzulegen.

Bleibe bei den einfachen Übungen, bis sie ganz beherrscht werden!

4.2.1.1. Farben und Formen sehen

Einfach

Am einfachsten sind die Übungen, in denen Ihr lernt, einfache Farben und Formen zu erkennen. Fangt jetzt damit an:

Vorgehensweise

- Begebt Euch in ein ruhiges, leicht abgedunkeltes Zimmer.
- Der Raum ist klar eingerichtet, verleitet weder zum Schlafen, noch macht er aufgeregt. Vergleiche das Kapitel über die Raumeinrichtung.
- In der Mitte des Raumes steht ein niedriges Tischchen, vor dem Ihr knien könnt. Auf dem Tischchen liegen folgende Gegenstände:
  - 2 Kugelschreiber,
  - 2 Blatt weißes Papier,
  - 10 Kärtchen, auf denen 5 x eine Farbe und 5 x eine Form aufgemalt ist.
  - Die Farben sind: Gelb, Blau, Rot, Braun, Grün.

- Die Formen sind: Dreieck, Kreis, Quadrat, Stern, Pyramide.
- Die Kärtchen sind 5 cm hoch und 3 cm breit.
- Ihr könnt sie mit der Hand anfertigen.
- Achtet darauf, daß Farben und Formen ganz klar sind.
- Es sollten wirklich nur eindeutige Farben und Formen verwendet werden.
- Nun kniet Ihr Euch in den Drachensitz, dies ist die Stellung, die Ihr auf der folgenden Abbildung seht.
- Ihr sitzt Euch an dem Tischchen gegenüber.
- Faltet die Blätter in der Mitte, so daß Ihr, wenn einer schreibt, jeweils nichts sehen könnt.
- Nun sprecht ab, wer als erster als Sender und wer als Empfänger arbeiten soll.
- Beide schließen jetzt die Augen.
- Atmet solange aus, bis der Einatemreflex einsetzt.
- Dann atmet ein, bis der Ausatemreflex einsetzt.
- Atmet wieder aus, bis der Einatemreflex einsetzt.
- Wiederholt dies solange, bis der Atem ganz von allein tief, ruhig und gleichmäßig fließt.
- Dann atmet weiter tief und regelmäßig in den Bauch.
- Achtet nur darauf, wie sich die Bauchdecke hebt und senkt.
- Konzentriert Euch nur auf die Bewegung.
- Tut dies etwa 10 Minuten.
- Derjenige, der als erster meint, die richtige Entspannung und Konzentration, also Entspannung 4-5, Konzentration 4-5 geschafft zu haben, räuspert sich leicht.
- Der andere räuspert sich ebenfalls, wenn er soweit ist.
- Dann öffnet der Sender seine Augen und ergreift eines der Kärtchen.

Der Drachensitz

Du kniest auf dem Boden auf einer weichen Unterlage. Dein Pos sitzt auf den Fersen. Der Oberkörper ist gerade aufgerichtet. Die Hände ruhen locker auf den Knien.

- Erwählt keines aus, sondern zieht einfach eines aus dem Stapel Kärtchen, die alle mit den Farben und Formen nach unten liegen.
- Der Empfänger bleibt weiter mit geschlossenen Augen sitzen.

Sender/Empfänger

Nun gebe ich Sender und Empfänger getrennt an:

Sender:

- Halte das Kärtchen direkt vor Deine Augen.
- Konzentriere Dich darauf.
- Konzentriere Dich ca. 5 bis 10 Minuten.
- Schließe Deine Augen.
- Imaginiere das Kärtchen mit geschlossenen Augen.
- Sieh es ganz klar und deutlich.
- Nun imaginiere, wie Du das Kärtchen mit geschlossenen Augen umdrehst und direkt vor das Gesicht Deines Partners hältst.
- Imaginiere das Kärtchen so kräftig wie Du kannst.
- Imaginiere, daß Du als Dein Partner die Farbe oder Form sehen kannst.
- Stell Dich ganz auf das Kärtchen und Deinen Partner ein.
- Tue dies solange, bis Dein Partner sich räuspert.

Empfänger:

- Atme noch ca. 10 x tief und ruhig in Deinen Bauch.
- Nun konzentriere Dich auf den Punkt zwischen Deinen Augenbrauen.
- Sieh mit geschlossenen Augen durch den Punkt zwischen Deinen Augenbrauen, das Ajna-Chakra, direkt vor Dich.

- Warte, bis die erste Form oder Farbe vor Dir auftaucht.
- Habe keine Zweifel.
- Warte, ob sich Farbe oder Form verändern. Denke nicht, sieh nur, konzentriere Dich nur auf den Punkt, durch den Du siehst.
- Du wirst, wenn Du es so machst, wie ich es beschrieb, ganz deutlich vor Dir eine Farbe oder Form sehen. Manchmal ist es nur so, daß sie kurz deutlich auftaucht und dann immer wieder verschwindet. Das ist ein Anzeichen für Konzentrationsschwäche. Desgleichen ist es ein Anzeichen für mangelnde Konzentration, wenn die Farben und Formen wechseln. Mit regelmäßiger Meditation und Konzentration und Durchführen dieser Übung behebt sich das Problem von allein.
- Wenn Du ganz sicher bist, die richtige Farbe oder Form gesehen zu haben, öffne Deine Augen.
- Schreibe die Farbe oder Form auf das Blatt Papier.
- Dann räuspere Dich.

- Nun öffnet auch der Sender wieder seine Augen.
- Vergleicht das Aufgeschriebene mit der Karte.
- Wenn alles richtig war, wartet 5 Minuten und dann wiederholt die Übung, diesmal wechselt Ihr die Rollen.
- War es falsch, wiederholt Ihr die Übung mit gleicher Rollenverteilung nach 5 Minuten.
- Lief es 3 x hintereinander schief, macht 10 Minuten Pause und macht dann gemeinsam eine Konzentrationsmeditation von einer halben Stunde.
- Dann wiederholt die Übung.

- Lief alles richtig, wiederholt die Übung, solange Ihr Lust habt.
- Wenn die ersten Mißerfolge auftauchen, beendet die Übungen für den heutigen Tag.
- Danach bleibt noch ein Weilchen am Tisch sitzen.
- Seht Euch tief in die Augen.
- Atmet ruhig und gleichmäßig in den Bauch.
- Teilt Euch per Gedanken mit, daß Ihr zufrieden seid.
- Stellt Euch noch einmal aufeinander ein.
- Teilt Euch per Gedanken freundschaftliche Gefühle mit.
- Dies könnt Ihr übrigens auch direkt vor den Übungen machen, das hilft, sich aufeinander einzustimmen.

Das Aufeinandereinstimmen kann gerade am Anfang viel bringen! Geht freundlich miteinander um, verunsichert Euch nicht!

Beendigung

Dann steht langsam und bewußt auf. Trinkt vielleicht noch ein Täßchen Tee miteinander und besprecht, wie die Übung gelaufen ist. Streitet Euch keinesfalls, wenn etwas schiefgegangen ist. Prüft ganz sachlich, wer was gemacht hat. Durch geschicktes Fragen und Aufeinander-eingehen findet Ihr leicht heraus, was Ihr verändern müßt. Vielleicht hatte der Empfänger Probleme, das Kärtchen so dicht vor seinen Augen zu sehen. Dann probiert es das nächste Mal so aus, daß das Kärtchen weiter weg gehalten wird.

4.2.1.2. Kleine Übungen

Kurz zwischendurch

Die Übung aus 4.2.1.1. macht Ihr solange, bis Ihr sie beherrscht. Dann beginnt damit, Euch auch tagsüber kurz zu treffen und Euch Farben und Formen zu senden. Sprecht kurz ab, wer Empfänger und wer Sender ist. Verkürzt die Vorbereitungszeit immer mehr. Ihr müßt soweit kommen, daß Ihr Euch kurz in der Küche trefft, Euch absprecht und binnen 2 Minuten sendet und empfangt.

Weiteres

Nutzt so viele Möglichkeiten, wie Ihr könnt!

Wenn dies klappt, geht dazu über, Euch Wörter, Sätze, Fragen etc. zu schicken. Das wichtige bei diesen Übungen ist, daß hier der Empfänger der Aktivere von Beiden ist. Diese Übungen gehen so:

Vorgehensweise

- Geht wieder in Euer Zimmer.
- Ein Tischchen braucht Ihr nicht.
- Setzt Euch voreinander in den Drachensitz.
- Macht wieder die vorbereitende Meditation.
- Nach dem Räuspern beginnt Ihr.

Sender/Empfänger

Ich trenne im folgenden wieder Sender und Empfänger.

Sender:

- Du hast Dir vorher ein Wort, einen Satz oder eine Frage ausgedacht.
- Nun wiederhole das Wort, den Satz, die Frage o.ä. wie ein Mantram in Deinem Kopf.
- Formuliere anfangs jeden einzelnen Buchstaben sehr konkret.
- Sprich so laut und deutlich, wie Du nur kannst.
- Dann werde schneller. Werde so schnell, daß Du noch das Wort erkennen kannst, so als sprichst Du ganz normal.
- Konzentriere Dich nur darauf.
- Denke an nichts anderes.

- Bleibe ganz bei der Sache.
- Wenn Dein Partner sich räuspert, laß das Wort, den Satz oder die Frage langsamer und leiser werden.
- Atme wieder tief in Deinen Bauch.
- Fühle ganz in Deinen Körper hinein.
- Fühle Deine Hände.
- Halte die Luft an.
- Spanne den ganzen Körper kurz und kräftig an.
- Öffne Deine Augen.

Empfänger:

- Konzentriere Dich auf Deinen Partner.
- Imaginiere ihn, wie er vor Dir sitzt.
- Du mußt Dich so gut konzentrieren können, daß Du ihn vor Dir sitzen siehst.
- Zur Hilfe kannst Du wieder durch den Punkt zwischen Deinen Augenbrauen sehen.
- Nun konzentriere Dich auf seinen Kopf.
- Imaginiere seine Augen.
- Imaginiere, wie Du in seinen Kopf hineinhörst.
- Konzentriere Dich auf die Ohren.
- Es hilft, wenn Du Dir vorstellst, wie Du selbst aufstehst, Dich vor Deinen Partner setzt und rückwärts in ihn hineingehst.
- Höre mit seinen Ohren.
- Was sagt er?
- Wenn Du wieder sicher bist, konzentriere Dich wieder auf Deinen Körper.
- Fühle Deine Hände.
- Halte Deine Luft an.

- Spanne den ganzen Körper kurz und kräftig an.
- Hast Du Dein normales Körpergefühl wieder, öffne Deine Augen.
- Schreibe das Wort, den Satz oder die Frage auf.
- Dann räuspere Dich.

Keine Emos!

Auch hier geht Ihr genauso vor, wie in dem vorherigen Kapitel beschrieben. Seid freundlich zueinander, streitet Euch nicht, wenn etwas schiefging. Emotionen behindern die Arbeit. Keiner kann etwas dafür. Weitere Konzentrationsübungen und Durchführen dieser Übung wird Erfolg bringen.

Steigern

Verkürzt auch bei diesen Übungen die 'Anlaufzeiten'. Steigert Euch solange, bis Ihr Euch auch tagsüber kurz zwischendurch kleinere Botschaften mitteilen könnt.

Verkürzt die Anlaufzeiten!

Regelmäßig

Führt die Übungen täglich durch. Laßt keinen Tag aus. Je häufiger Ihr übt, desto schneller zeitigt Ihr Eure Erfolge.

Empfehlung

Ich kann in diesem Buch nicht auf alle Probleme eingehen, die auftreten könnten. Aus diesem Grunde empfehle ich Euch, Euch mit Kommunikation, NLP und ähnlichen Themen zu beschäftigen. Lernt, Euch mit anderen auseinanderzusetzen. Wenn tatsächlich einmal Probleme auftreten sollten oder sich keine Erfolge einstellen, wird Euch dieses Wissen bei der Lösung Eurer Probleme weiterhelfen.

4.2.2. Gedankenlesen

Interessanteres

Nun kommen wir zum eigentlich Interessanten. Du lernst nun, im Alltag jederzeit die Gedanken anderer Menschen zu lesen. Führe diese Übungen erst dann durch, wenn Du mit einer anderen Person in allen anderen Übungen über wenigstens 4 Wochen erfolgreich warst. Die Gedanken anderer Menschen zu lesen ist sehr, sehr kompliziert. Die meisten Menschen sind sehr unkonzentriert. Viele sind nicht einmal dazu in der Lage, auch nur einen Gedanken klar zu formulieren. Du mußt folgendes lernen:

Zu lernen ist...

- Du mußt mit den Gefühlen der Person fühlen können.
- Du mußt Dich ganz spontan auf jeden und jede konzentrieren können.
- Du mußt lernen, in vollkommen anderen Denkstrukturen zu denken. Hier helfen einfache Kommunikationsübungen aus dem Neurolinguistischen Programmieren.
- Du mußt lernen, vollkommen andere Worte und Weltmodelle zu verstehen. Hier helfen Bücher über Systemtheorie, Konstruktivismus, Mathematik, Formallogik etc.
- Du brauchst absolute Konzentrationsfähigkeit.
- Du brauchst Konzentrationsstufe 9!
- Du darfst niemals, wirklich niemals in die Gedanken eines anderen Menschen eingreifen. Berücksichtige, daß Deine Konzentration so gut ist, daß Du einem anderen Menschen schweren Schaden zufügen könntest. Jeder Mensch 'klebt' an seinen Wertevorstellungen. Änderungen dieser können glatt ins Irrenhaus führen.
- Höre den anderen einfach nur zu. Sieh mit ihren Augen, fühle mit ihren Gefühlen. In dem Moment, in dem Du die Gedanken anderer liest, bist Du sie!
- Was das beinhaltet, ist klar! Ohne die Fähigkeit, schnell die Denkmuster zu verändern, wirst Du selbst verrückt werden. Stell Dir nur vor, Du dachtest eben noch wie Napoleon und jetzt wie Cleopatra und nun wie Arnold

Schwarzenegger und im nächsten Moment bist Du wieder Du selbst... Dies gelingt Dir nur dann, wenn Du Konzentrationsstufe 9 erreicht hast und Dich in Theorien wie Systemtheorie und Konstruktivismus auskennst. Gerade diese Theorien ermöglichen es Dir, Modelle von Welten, Ideen, Weltanschauungen schnell zu wechseln.

Du mußt flexibel werden!

Modell

Ich will jetzt noch kurz auf ein Modell eingehen, das Dir helfen wird. Dieses Modell heißt: **'Multiple Beobachterperspektiven'**.

Wahrnehmung/Beobachtung

- Der normale Mensch nimmt wahr. Er sieht, er hört, er fühlt, er riecht und er schmeckt.
- Der normale Mensch handelt. Er sieht, er hört, er fühlt, er riecht und er schmeckt.
- Der Unterschied zwischen diesen beiden Dingen liegt darin, daß das eine passiv, das andere aktiv geschieht.
- Jeder Mensch beobachtet.
- Er nimmt wahr und/oder tut und hat dazu eine Perspektive.
- Das heißt, er nimmt wahr und tut und ordnet gleichzeitig ein.
- Dies tut er (meist) nicht bewußt. Es geschieht gleichzeitig und wird meistens nicht bemerkt.
- Ein Beispiel für Perspektiven: Stelle Dich hin und betrachte Dein Zimmer. Sieh genau hin. Nun setze Dich hin und tue das gleiche. Du stellst fest, daß Du anders beobachtest, Du hast einen anderen Blickwinkel - eine andere Beobachterperspektive.
- Jeder Mensch beobachtet anders.
- Jeder Mensch hat eine andere Beobachterperspektive.

- Die Beobachterperspektive eines Menschen hängt von seiner Erziehung, seiner Kultur, seinen persönlichen Erfahrungen ab.
- Die meisten Menschen haben zu dem, was sie wahrnehmen oder tun nur jeweils eine Beobachterperspektive.
- Jemand, dem es gelingt, ein- und dieselbe Sache aus zwei verschiedenen Perspektiven zu sehen, ist schon viel flexibler als andere Menschen. Er hat mehr Möglichkeiten, sein Verhalten zu verändern.
- Je mehr Beobachterperspektiven ein Mensch hat, desto flexibler ist er.
- Du kannst lernen, Beobachterperspektiven zu wechseln, wenn Du andere Menschen ganz genau hinterfragst. Frage sie, wie sie welche Situation, welchen Gegenstand, welche Person betrachten. Halte ihre Sichtweise nie für falsch - im Gegenteil: Sieh sie als richtig an und betrachte die Welt genauso.
- Du wirst feststellen, wie sich nach und nach auch die Wahrnehmungen und Tätigkeiten verändern. Eine Beobachterperspektive bestimmt, was und wie wahrgenommen und getan wird. So wird die Welt mit jeder weiteren Beobachterperspektive bunter und vielfältiger.
- Du nimmst mehr wahr, tust mehr und beobachtest aus vielen verschiedenen Blickwinkeln.
- Wenn Du dies im Alltag übst, dann bist Du für Telepathie schon ganz gut gerüstet!

4.2.2.1. Das Ausschalten von Störungen

Unangenehm

Du hast bereits gelernt, Dich zu konzentrieren. Nun gehst Du in ein Kaufhaus und 'schaltest auf Empfang'. Eine Welle von Gedanken, von Gefühlen, von Geschmäckern und Gerüchen überrollt Dich. Die Menge der Wahrnehmungen, die Du hast, ist die Menge der Gedanken der vielen Leute um Dich herum. Hier herauszufinden, wer was denkt, nicht verrückt zu werden bei dem Stimmengewirr, bedarf einiger Übung.

Alle Menschen denken fast immer!

Du könntest von Gedanken nur so überrollt werden!

Übe vorher

Bevor Du beginnst, auch im Alltag auf Sendung und Empfang zu gehen, übe mit Deinem Partner.

Vorgehensweise

- Macht feste Zeiten am Tag aus, an denen Ihr sendet und empfangt.

- Übt anfangs in geschlossenen Räumen, in denen Ihr allein seid. Notfalls tut es das stille Örtchen.
- Besprecht, wo Ihr Euch aufhalten werdet und beschreibt die Räume ganz genau.
- Später geht dazu über, die Räume nicht mehr anzugeben.
- Ihr müßt Euch nun suchen.
- Dafür konzentriert Ihr Euch aufeinander und wartet auf Signale.
- Mit etwas Übung geht das sehr gut.
- Später sagt Ihr nicht einmal mehr, in welchem Haus Ihr Euch aufhaltet.
- Beschreibt einander per Telepathie die Umgebung.
- Vergleicht anschließend die Ergebnisse.
- Konzentriert Euch nur auf den Partner.
- Alles, was nicht zu den Gedanken des Partners gehört, wie Umweltgeräusche, Gedanken anderer Menschen, kommentiert Ihr mit "Störung!" und konzentriert Euch weiter auf Euren Partner.
- Macht daraus eine Konzentrationsmeditation.
- Am Anfang mag es länger dauern, bis Ihr Erfolge habt.

- Wenn es gar nicht anders geht, nehmt eine Schnur mit Perlen hinzu und schiebt bei jedem anderen Gedanken eine Perle weiter und sagt "Störung!".
- Übt solange, bis Ihr wirklich nur noch die Gedanken des anderen hört.
- Trefft Euch auch einmal in einem gut besuchten Kaufhaus und übt dort!
- Wenn Ihr hierin 4 Wochen erfolgreich wart, begebt Euch getrennt auf die Reise.

4.2.2.2. Gezieltes Gedankenlesen

Folgendes kannst Du bis hierher:

Fähigkeiten

- Du hast die Gedanken Deines Partners lesen können, Ihr wart in allen Übungen wenigstens über 4 Wochen erfolgreich.
- Du kannst Dich vollkommen störungsfrei konzentrieren.
- Du hast gelernt, störende Gedanken mit "Störung!" zu kommentieren und kannst Dich auf den anderen konzentrieren.

Wenn Dir eine dieser Fähigkeiten fehlt, fange gar nicht erst mit diesen Übungen an!

Du bist reif

Sehr gut, wenn Du soweit gekommen bist, bist Du reif für den Alltag.

Beginn

Fange mit kleineren, nicht so belebten Orten an. Begib Dich in den Park oder ein wenig besuchtes Cafe und suche Dir eine Person aus. Konzentriere Dich auf diese Person. Sei vorsichtig, sie darf es nicht merken, sonst wird sie verunsichert. Hierfür ist es notwendig, daß Du Dich auch während des Umrührens Deines Kaffees, während des Lesens einer Zeitung, während des Gehens und Stehens auf etwas anderes konzentrieren kannst.

Fange in unbelebteren Umgebungen an!

Du brauchst absolute Kontrolle über Deinen Körper. Dein Körper muß dazu in der Lage sein, einfache Bewegungen auch ohne Deine Konzentration durchzuführen. Dies übst Du am Anfang in weniger gefährlichen Situationen. Es ist nicht sinnvoll, während des Überquerens einer Straße Telepathie zu üben. Zu leicht kann es geschehen, daß Du von einem Auto überfahren wirst, nur weil Du gerade den Sorgen einer Hausfrau lauschst. *Kontrolle*

Übe also anfangs in unverfänglichen Situationen, Du sitzt also sicher auf einer Parkbank und hältst eine Zeitung oder ähnliches. *Unverfänglich*

Vorgehensweise

- Nun konzentriere Dich auf die ausgewählte Person.

- Sieh sie kurz und genau an.
- Dann senke Deinen Blick und sieh durch den Punkt zwischen Deinen Augenbrauen.
- Imaginiere die Person in allen Einzelheiten.
- Du mußt sie ganz klar vor Dir sehen.
- Dann mache die Übung aus 4.2.1.2. mit dieser Person.
- Höre mit ihren Ohren, fühle mit ihrem Körper.
- Notiere Dir anschließend alles.
- Achte darauf, daß Du auch Gedanken hörst, die Du überprüfen kannst.
- Beispielsweise denkt jemand im Cafe darüber nach, daß er zur Toilette muß. Beobachte, was er als nächstes tut.
- Nur wenn er dann wirklich zur Toilette geht, warst Du erfolgreich.
- Sicher, Du mußt nicht andauernd auf Leute achten, deren Gedanken Du überprüfen kannst. Aber es ist sinnvoll, immer wieder zu überprüfen.

Suche Dir Immer wieder Überprüfungssituationen!

Weiter geht's

Wenn Du mehrere Male in einfacheren Situationen erfolgreich warst, begib Dich in schwierigere. Gehe auf die Straße, in ein Kaufhaus, eine Diskothek oder ähnliches. Wähle auch dort wieder Personen aus und übe Gedankenlesen.

Sicherheit

Nach und nach wirst Du sicherer werden. Du erlangst eine Fähigkeit, die Dir wirklich in jeder Situation hilfreich werden kann. Stell Dir nur vor, jemand belügt Dich oder Dein Chef will Dir kündigen oder Bürointrigen laufen gegen Dich. Du kannst alles, wirklich alles, was Du willst, herausfinden. Beachte allerdings, daß Deine Umwelt sehr eigenwillig reagieren wird, wenn Du ihnen ihre eigenen Gedanken sagst. Man wird Dich schnell unangenehm finden und Dir aus dem Weg gehen. Es ist sicherer, wenn Du Deine Fähigkeit für Dich behältst. Dein Übungspartner wird Dir helfen, daß Du Dich nicht so allein auf der Welt fühlst.

Ich kann Dir jetzt nur noch viel Erfolg in der Zukunft wünschen!

5. KAPITEL

Anhang

Auf den nächsten Seiten will ich Dich noch kurz auf ein paar Wichtigkeiten hinweisen. Es soll im wesentlichen um begleitende Vorbereitung für Telepathie gehen!

5.1. Neurolinguistisches Programmieren

Existent

Wie Du bereits weißt, ist das einzige, von dem Du sagen kannst, daß es für Dich existent ist, Deine Erfahrung. Interessanterweise kannst Du anhand von Sprache sowohl bei Dir als auch bei anderen herausfinden, wie gut, wie genau, wie konkret Du wahrnimmst.

Technik

Die Technik, um das herauszufinden heißt: Neurolinguistisches Programmieren.

Neurolinguistisches Programmieren - kurz NLP - ist ein Metamodell für Sprache!

Was fehlt?

'Ein Metamodell für Sprache' heißt, daß Du mit Hilfe des Neurolinguistischen Programmierens herausfinden kannst, was von dem, was jemand sagt, fehlt. Das geht ganz einfach:

- Du lernst ein paar Fragetechniken auswendig, mit denen Du Sätze 'hinterfragst'.
- Diese Fragen beziehen sich auf die sogenannte Tiefenstruktur eines Satzes. Tiefenstruktur besagt, daß ein Satz das Erfahrene vollständig repräsentiert.
- Nimm den Fall, daß jemand sagt: "Peter geht!" Es ist ganz offensichtlich, daß hier fehlt, wohin Peter denn geht. Weiter interessant ist es herauszufinden, wieso, weshalb Peter geht usw. Mit NLP findest Du das heraus.

Große Hilfe!

Die Fragetechnik von NLP wird Dir besonders bei Telepathie eine große Hilfe sein! Überlege einfach nur, wie häufig Du Dich nur kurz und knapp ausdrückt - die Hälfte der Information fehlt. Bei Telepathie wird das noch schwieriger, und Du brauchst unbedingt Methoden, um die vollständige Information zu bekommen. Die einfachste Methode heißt schlicht und ergreifend: Genau nachfragen!

Hinweise

Da ich hier nur in Empfehlungsform auf NLP eingehen kann, noch ein paar Literaturhinweise:

Bandler, Richard, **Grinder,** John; Struktur der Magie; Junfermann, Paderborn, 1987. Diese beiden Psychologen entwickelten das NLP! Die Bücher sind einfach geschrieben und leicht verständlich.

Schulze, Petra; Neurolinguistisches Programmieren Band 1 und Band 2; Kersken-Canbaz-Verlag, Holdenstedt, 1988. Zwei kurze, kleine Büchlein, die in typischem Schritt für Schritt-Stil NLP erklären. Genau das Richtige für den NLP-Anfänger.

5.2. Konstruktivismus und Systemtheorie

5.2.1. Konstruktivismus

Schwere Frage

Ob die Welt so ist, wie wir sie wahrnehmen? Eine schwere Frage! Wer nimmt hier wahr und was nimmt er wahr? Können Biologen mir eine Antwort geben?

Wirklichkeiten

Nun, Antworten können Dir auch Biologen nicht geben, denn auch sie gehen immer noch von Wirklichkeiten aus und sei es nur der Wirklichkeit ihrer Forschungen. Aber: Zwei genialen Biologen gelang es immerhin, ein Modell zu erstellen, daß die Funktion des Menschen, seiner Wahrnehmung und seiner Verantwortung für Wahrnehmung genauer erklären. Die Biologen heißen: Umberto Maturana und Francisco Varela. Das Modell, das sie entwickelten, heißt 'Konstruktivismus' und die Kernaussage lautet: "Alles, was gesagt wird, wird von einem Beobachter gesagt!"

Alles, was ein Mensch sagt, wird von einem Menschen gesagt!

Übersetzung

Plump übersetzt heißt das: Es gibt jemanden, der beobachtet, und das bist Du. Alles, was Du wahrnimmst, erlebst, wird von Dir gemacht, Du 'konstruierst' es so. Das ist nun wirklich sehr plump, denn die beiden Forscher haben sich natürlich sehr gründlich damit beschäftigt und können es auch biologisch und physiologisch belegen.

Baum der Erkenntnis

Das wichtigste Buch der beiden heißt: "Der Baum der Erkenntnis" und ist in jedem guten Buchladen erhältlich. Du solltest Dich vorher durch Literatur von z.B. Paul Watzlawick, Förster und anderen Wissenschaftlern vorbereiten, denn: Konstruktivismus ist nicht gerade einfach. Aber: Er hilft, das Denken zu klären und liefert ein Modell, um Telekinese und Telepathie besser verarbeiten zu können. Er steigert Deine Denkleistung und Deine Verarbeitungsfähigkeiten!

5.2.2. Systemtheorie

Niklas Luhmann

Mit 'Systemtheorie' meine ich das Modell, das von Niklas Luhmann entworfen wurde. Der Systemtheoretiker beschäftigte sich viele lange Jahre damit, wie Systeme, also zum Beispiel die Gesellschaft, die Ökologie und vieles andere funktionieren.

Komplex

Das Modell, das er erstellte, übertrifft an Komplexheit alles bisher dagewesene. Wer sich in Systemtheorie einarbeitet, wird sehr schnell feststellen, um wieviel genauer und vor allem umfassender er sich selbst, andere, Kommunikation, die Welt an sich versteht. Sicher, Systemtheorie ist noch schwieriger als Konstruktivismus, dafür bietet es aber Denkansätze, die weit über die Frage, was wirklich ist, hinausgehen.

Erklärung

"Wieso das alles?" fragst Du jetzt? Ganz einfach: Du wirst im Laufe der Meditation und beim Beginn der Arbeit mit Telepathie und Telekinese sehr schnell an den Scheidepunkt kommen: "Werde ich nun verrückt und erkläre alles mit 'Geistern', dem 'Jenseitigen', 'Spiritismus' und lächle glücklich in mich hinein, oder: Versuche ich doch lieber, es mit meinem Gehirn zu verarbeiten, um noch mehr über mich herauszufinden." Da der Mensch nun aber schon an sich sehr kompliziert ist, braucht er komplizierte und denkfördernde Modelle, um sich immer wieder selbst abbilden zu können. Deshalb Systemtheorie und Konstruktivismus!

Um Deine neuen Erfahrungen verarbeiten zu können, benötigst Du Erklärungsmodelle!

Literaturhinweise und -empfehlungen

Boysen, Tordis van; Grundlagen der Meditation; Kersken-Canbaz-Verlag, Holdenstedt; 1990.

Eschner, Michael D.; Techniken der Bewußtseinserweiterung; Kersken-Canbaz-Verlag, Holdenstedt; 1989.

Eschner, Michael D.; Die geheimen Unterweisungen und Rituale des Hermetischen Ordens der Goldenen Dämmerung; Kersken-Canbaz-Verlag, Holdenstedt; 1989.

Boysen, Tordis van; Grundlagen des Autogenen Trainings; Kersken-Canbaz-Verlag, Holdenstedt; 1989.

Schulze, Petra; Neurolinguistisches Programmieren Band 1 und Band 2; Kersken-Canbaz-Verlag, Holdenstedt; 1989.